문화예술경영 4

비즈니스상상력

차례
Contents

제1부

상상력 문 열기

상상력

이성 대 상상력

한국전쟁 이후 세계 최빈국이던 대한민국이 1인당 국민소득 3만 달러에 근접한 나라가 되었다. 전쟁이 끝난 지 60여 년 만이라 시간이 꽤 많이 흐른 것으로 생각할 수 있지만, 세계경제 발전 사상 최단기간에 가장 높이 성장한 나라가 한국이다. 이를 좀 더 확장해보자. 유럽의 청교도들이 종교의 자유를 찾아 아메리카대륙에 첫발을 내딛고 나라를 세운 지 약 200년 만에 미국은 세계 최강 국가가 되었다. 극동아시아 3국 중 역사의 대부분을 3등으로 있던 일본은 메이지유신을 기점으로 1등으로 올라섰다. 우리의 경제 발전, 미국과 일본의 비약적 발전을 가져온 힘은 대체 무엇일까?

이런 문명 발전을 설명하는 다양한 이론이 있다. 선진 제도를 창안하거나 빨리 수용하여 발전하게 되었다는 제도주의적 접근이 있고, 국민의 근면성과 교육에서 원인을 찾는 계몽주의적 접근도 있으며, 기술 발전 덕분이라는 기술주의적 접근도 있다. 그 밖에 생물 진화로 발전을 설명하는 진화론이나, '도전과 응전'이라는 역사 발전의 메커니즘으로 설명하는 발전공학적 접근도 있다.

아마 문명 발전을 설명하는 이론과 연구를 소개하자면 한이 없을 것이다. 그러니 각 논리를 하나하나 따라가며 전하는 것은 불가능한 일이다. 그래서 이들 접근을 관통하는 한 가지 논리를 찾을 수밖에 없는데, 그것이 바로 인간의 '이성理性, reason, rationality'이다. 경험주의, 이성주의, 계몽주의 등의 이름으로 우리에게 알려져 있는 인간 이성 말이다. 경영학도 알고 보면 인간의 '이성'으로 시간적·공간적 유효성을 추구하고 그 활동을 연구하는 학문이란 점에서 이성주의의 아류다.

이러한 '이성' 접근을 대표하는 철학자가 바로 데카르트Renè Descartes(1596~1650)다. 그는 "나는 생각한다. 고로 존재한다"란 아포리즘으로 인간 이성의 위대함을 설파하는데, 이러한 이성적 접근에 도전장을 내민 사람이 바슐라르

Gaston Bachelard(1884~1962)다. 그는 이성이 아니라 '상상력想像力, imagination'이 오늘의 인류 발전을 있게 한 힘이라고 본다.[1]

예를 들면 이런 식이다. 비행기는 비행을 어떻게 할 것인 지 열심히 연구하여 만들어낸 것이 아니라 새처럼 날고자 하는 상상력의 결과물이라는 것이다. 불의 발견 또한 같다. 우연히 숲에 불이 난 것을 보고 불의 유용성을 깨닫고는 그 원리를 분석하여 나무 막대를 비비거나 부싯돌을 부딪쳐 불 을 피운 것이 아니다. 구멍에 막대를 박고 비비는 행위가 재 미있어서 하다 보니 불 피우는 행위를 알게 된 것이다. 간단 히 말해 바슐라르는 이성이 아니라 이를 넘어서는 상상력이 창조의 근원이라고 본다.

상상력이란 무엇인가

바슐라르로 인해 학문적 주목을 받기 시작한 '상상력'을 찾아가자, 이 말은 '한 번도 본 적이 없는 코끼리를 그린다' 는 뜻으로 한자말에서 유래했다. 이것이 영어 'imagination' 의 번역어가 되면서 상상력의 사전적 의미는 '실제로 경험하 지 않은 현상이나 사물의 이미지를 마음속으로 그려보는 것' 으로 정해졌다. 하지만 상상력을 주로 다루는 문학이나 예술에서는 경험하는 것, 보는 것조차 상상력이라 하여 넓은 의미로 쓴다. 따라서 "상상력은 상像, 즉 이미지image를 떠올리고 그려내는 의식意識"으로 정의한다.[2] 여기서 의식이란 이성, 각성, 기대 등을 포함한다.

이렇게 정의되는 상상력은 예술과 문학에서 말하는 일반상상력이다. 비즈니스에서 말하는 상상력은 좀 다르다. 그럼 비즈니스상상력이란 무엇일까?

비즈니스상상력

비즈니스상상력은 "기존 콘셉트concept를 의문하고 새로운 콘셉트를 떠올리고 그려내는 의식"으로 정의된다.[3] 더 간단히는 "새로운 콘셉트를 떠올리고 그려내는 의식"으로 정의해도 될 것이다. 프래그머티즘을 주창한 미국 철학자 퍼스 Charles Sanders Pierce(1839~1914)는 이를 '구상構想, conceptualization'이라고 한다.

일반상상력의 중심이 '이미지'라면 비즈니스상상력의 중심은 '콘셉트'다. 하지만 이미지나 콘셉트를 떠올리고 그려내는 의식인 '상상imagine'이 근원이라는 점은 동일하다. 상상은 그림에서 보는 것처럼 드러난 팩트에 근거하여 드러나지

않는 것을 재구성하는 의식 과정이라서 또 다른 표현으로 하면 '탄생generation'인데, 생물학적 탄생이 아니라 의식 과정을 통한 탄생이다.

학자들은 이러한 탄생을 '애브덕션abduction'이라 한다.[4] 번역이 쉽지는 않지만 '가추법假推法'으로 해석한다. 가추법은 상상력을 구상이라고 한 퍼스가 만든 용어다. 관찰을 통해 드러난 어떤 특이한 현상으로부터 그것을 설명할 수 있는 가설을 이끌어내고, 가설검증을 통해 당면한 문제를 해결할 수 있는 새로운 원리와 지식의 세계로 우리를 안내하는 것을 말한다. 가추법은 문제해결적이면서 예측적이라 매우 실용적이다. 코난 도일Arthur Conan Doyle(1859~1930)이 쓴 탐정소설에서 주인공 셜록 홈스가 사건을 풀어가는 방식이 가추법의 좋은 예다. 생활 속에서 흔히 접하는 사례도 무수히 많다.

사냥꾼은 짐승의 발자취를 보고 사냥감을 추적하고, 의사는 증상을 보고 병을 진단한다. 점쟁이는 과거를 알아맞히고 관상가는 미래를 예언한다. 고고학자는 유물을 통해 과거의 생활상을 알아내고, 고생물학자는 뼈 몇 조각으로 멸종 생물의 모습을 재현한다. 핵물리학자는 입자가속기와 감광판을 이용하여 입자의 성질을 알아낸다. 기상청에서 날씨를 예측할 때, 낚시꾼이 찌로 물고기의 움직임을 알아낼 때도 마찬가지다. 한마디로 관찰을 통해 문제를 해결하거나 새로운 사실을 탐구하는 거의 모든 경우에 가추법이 사용된다. 하지만 가추법은 단점이 있는데 그 원리가 '개연적으로 참probably true' 이란 점이다. 바뀔 수 있다는 뜻이다. 상상력은 가추법으로 새로운 콘셉트를 탄생시키지만, 이건 절반에 해당한다. 상상력의 나머지 절반은 따로 있는데 바로 '해체deconstruction'다. 해체는 모태인 '혼돈chaos'으로 돌아감을 말한다.[5] 그래서 해체를 '단절과 감싸기'라 하는데, 기존의 것과 다르지만 그것을 배제하지 않는 근원으로 돌아감이다.[6] 이해하기 쉽게 생활속에서 그 예를 찾아본다.

살아가면서 삶이 팍팍하고 힘들 때, 모든 것 털고 혼자 여행을 떠나고 싶을 것이다. 그런데 이런 말이 있다. "행복을 찾아 여행을 떠났는데, 돌아오니 이곳에 행복이 있었다." 또 스트레스를 날려버리기 위해, 정신을 놓을 정도로 술을 마시거나 인디 클럽에서 밤새워 춤을 추기도 한다. 그런 다음날

팍팍한 현실은 의외로 생생한 삶이 되어 돌아온다. 니체는 이러한 행위를 디오니소스적^{dionysian} 축제라 한다. 그래도 상상력을 탄생과 해체의 의식과정으로만 설명하기엔 미진한 구석이 남는다. 그 이유는 '꿈'의 세계가 상상력에 들어 있기 때문이다. 그래서 몽상이라고도 한다. 하지만 상상력이 내포하는 꿈은 좀 다른데, 본능이 시켜서 밤중에 꾸는 그런 꿈이 아니라 대낮에 눈 뜨고 꾸는 하얀 꿈이다. 덧붙이자면 상상력은 탄생과 해체의 관계. 둘은 양과 음의 관계로 대조적이지만 서로를 감싸는 불리부잡不離不雜의 관계다. 예를 들어 오늘 무엇을 하는지에 따라 내일이 탄생되고, 내일의 모습을 어떻게 그리느냐에 따라 오늘 할 행동이 모양 지어질 수 있다.

상상력의 정의는 이 정도로 해놓고 비즈니스상상력의 근간인 콘셉트에 대한 논의를 시작한다. 이 책의 '제2부 상상력이 찾아드는 마음' '제3부 비즈니스상상력 방법'에서 '상상력'을 좀 더 자세히 다룰 것이다.

콘셉트란 무엇인가

콘셉트를 정의하기 위해 몇 가지 사례를 먼저 소개한다.

농업은 농작물을 재배하는 1차산업으로 알고 있는데 언젠가부터 6차산업으로 불린다. 배추를 재배하여 상인에게 팔면 1차산업, 김치를 담가 소비자에게 팔면 2차산업, 학생들이나 외국인들을 상대로 김치 담그는 체험을 하게 하면 3차산업이므로, 합쳐서 6차가 되는 것이다.

언젠가 한 제자를 만났는데, 어떤 그룹의 드러그스토어 drug store를 맡고 있다고 했다. 우리가 일반적으로 아는 드러그스토어는 올리브영인데, 전망을 물었더니 매우 밝다고 한다. 이유가 뭐냐고 하니, 우리나라 편의점 숫자가 5만 개가 넘는데, 드러그스토어는 여성을 표적 시장으로 하는 편의점이라 일반 편의점만큼은 아니지만 성장 잠재력이 매우 크다고 대답했다. 드러그스토어의 발원지인 미국에서는 약국이 중심인데, 한국에서는 여성 편의점으로 보고 있는 것이다.

대학 또한 마찬가지다. 교수들은 "민주 시민을 양성하는 것이 대학이지 취업 시키는 곳이 아니다"라고 생각하는데, 정부와 대학 당국은 판이한 눈으로 대학을 본다. '취업도 되지 않는 대학에 누가 오겠는가? 취업 예비 학교가 대학이다. 그러니 산학이 연계하여 실무에 바로 쓸 수 있는 인재를 양성하도록 실무 교육을 하라고 다그친다. 교수들의 연구 또한 써먹을 수 있는 실용적 논문을 강조한다.

1990년 전후에 국내 굴지의 화장품 회사 경영 자문 교수를 한 적이 있다. 그때는 기초 화장품, 색조 화장품, 향수 세 범주만 있는 것으로 알았다. 그런데 2010년대 접어들면서 해당 회사의 주가가 급등하는 것을 보면서 다시 알아보니 화장품의 역할과 기능은 이미 화장이 아니라 피부 관리(스킨 케어)로 바뀌어 에센스, 세럼 등 고가 제품이 나와 있었다. 영 양 성분이 좋은 화장품을 피부에 발랐을 때, 모세혈관이 있 는 진피층까지 닿아야 세포 재생 효과로 피부 노화를 억제 할 수 있다. 혈관이 없는 표피층은 진피층으로부터 영양분을 받아야 피부가 재생할 수 있는데, 고기능성 화장품으로 개발 된 에센스, 세럼 등은 활성 성분을 모공 깊숙히 진피층까지 흡수시킴으로써 피부 노화를 완화시키는 데 성공한 것이다.

대략적인 통계 수치지만 우리나라 카페 수가 10만 개 정 도 되고 매년 늘어나는 것으로 보고된다. 과거 커피나 빵을 팔던 다방이나 베이커리 숫자를 몇 배 넘어서는 이런 폭증 현상을 보면서, 카페는 단순히 커피 마시면서 누굴 만나는 곳이 아닌 '제3의 문화 공간'이란 생각을 하게 된다. 사적 공 간인 가정이나 회사, 공적 공간인 도서관이나 공연장 등을 넘어서는 '제3의 문화 공간'이다.

도로 또한 생판 달라졌다. 과거에는 도로를 차가 다니는 길로 여겼다. 그래서 자동차가 멈추지 않고 잘 달리게 하려 고 사람을 육교나 지하도로 내모는 것이 기본 설계였다. 지금은 보행자 중심으로 도로를 본다. 이에 따라 보행자는 공중과 지하에서 지상으로 복귀했고, 그러다 보니 사람이 모이는 곳인 '광장agora'이 자연스럽게 탄생했다.

농업, 드러그스토어, 대학, 화장품, 카페, 도로 등 주변 세상을 둘러보면, 기본 속성은 하나인데 어떤 안목으로 보는지에 따라 모습을 달리하여 우리에게 다가오기도 하고 예전 그대로이기도 함을 알아차릴 수 있다. 타자로 그냥 존재하던 대상이 우리에게 다가오게 하는 것, 이것이 바로 콘셉트다. 그래서 "콘셉트는 주체와 객체 간에 생명력을 불러일으키는 호명calling"으로 정의한다.

사람이나 법인이 태어날 때 법적으로 인정받기 위한 이름이나 상호도 일종의 호명이지만, 진정한 호명은 아니다. 진정한 호명은 '생명력'을 갖는다. 시인 김춘수는 「꽃」이란 시에서 호명의 생명력을 잘 그리고 있다. "내가 그의 이름을 불러주기 전에는 / 그는 다만 / 하나의 몸짓에 지나지 않았다. / 내가 그의 이름을 불러주었을 때 / 그는 나에게로 와서 / 꽃이 되었다." 비즈니스에서 호명으로서의 콘셉트는 미션, 비전, 핵심 가치, 브랜드 정체성, 홍보 슬로건 등에 담겨 있다.

이렇게 정의되는 콘셉트는, 명사 앞에 붙어 명사의 성격을 부여하는 관사로 비유할 수도 있다. 영어에서 'the'라는 정관사가 붙은 경우와 'a'라는 부정관사가 붙은 경우 단어의 의미가 판이하게 달라지듯이, 콘셉트는 어떤 대상에 생명력을 불러일으키는 관사 역할을 한다.[7] 헤밍웨이가 쓴 『노인과 바다』에서 주인공 산티아고는 바다를 여성으로 호명하는데 이는 바다를 무한한 생명력의 원천으로 본다는 의미다.[8] 한국어에는 관사가 없기 때문에 콘셉트는 우리 사회에 무한한 생명력을 불러일으키는 역할을 할 수 있어 특히 중요하다.

콘셉트의 중심인 생명력을 '수태성受胎性, pregnancy'이라고도 한다. 무한한 가능성을 내포하고 있기 때문이다. 생명력을 불러일으키지 못하는 호명은 콘셉트가 아니다. 그냥 이름일 뿐이다. 여러 영역에서 콘셉트가 어떻게 생명력을 불러일으키는지 예를 찾아본다.

콘셉트는 생명력이다

삶에 생명력을 주다

우리에게 미래는 그냥 흘러가는 시간으로 다가올 수도 있고 의미 있는 시간으로 다가올 수도 있는데, '꿈'이나 '목표'가 있을 때 단순한 시간이 아니라 의미 있는 시간으로 다가옴을 느낄 것이다. 꿈이나 목표가 바로 미래라는 시간에 대한 콘셉트인 셈이다. 루이스 캐럴Lewis Carroll(1832~1898)의 『이상한 나라의 엘리스』에서 엘리스와 체셔 고양이가 나누는 대화를 들어보자.[9] "체셔 야옹아, 내가 여기서 어디로 가야 하는지 말해줄래?" "그야 네가 어디로 가고 싶은지에 달려 있지……." "어디든 상관없는데……." "그렇다면 어느 쪽으로 가든 무슨 문제가 되겠어!" "내가 어딘가에 도착할 수만 있다면야" 뚜렷한 목표가 바로 콘셉트다. 콘셉트는 미지의 세상을 뚫고 나아갈 때 생명력을 분출한다.

어느 시인은 연말과 새해에 노래를 한 곡씩 선정하여 흥얼거리는데, 그러면 희한하게도 시간이 그냥 시간이 아니라 의미 있게 다가옴을 느낀다고 한다. 바로 그 노래가 '지금의 나'가 아닌 '미래의 나'를 호명하는 콘셉트이기 때문이다. 노래만 그런 것이 아니다. 책, 특히 고전은 보이지 않았던 나를, 그래서 없거나 죽은 줄만 알았던 나를 불쑥 밖으로 드러내 현재의 나를 돌아보게 한다. 고전은 삶에 생명력을 불러일으키는 콘셉트인 것이다. 고전을 읽으면 눈에 보이지 않던 나의 삶이 살아나서 나에게 말을 걸게 된다. 책을 읽지 않은 사람, 특히 고전을 읽지 않은 사람은 자신의 삶 안에 생명력을 불러일으키는 힘이 약하다. 이런 이들은 타인을 추종하는 삶, 어찌 보면 생명력이 없는 삶을 사는지도 모른다. 칼 포퍼 Karl Popper(1902~1994)는 『열린사회와 그 적들』에서 타인의 콘셉트로 살아가는 우리 모습을 꼬집고 있다.[10] 예를 들어 매스컴이 떠드는 삶의 모습을 나의 바람직한 삶으로 착각하는 것이다.

행복을 주창하는 사람들이 예외 없이 하는 말이 있다. "타자가 원하는 방식으로 살지 말고 자신이 좋아하는 삶을 살아라." 이 충고가 쓸모 있으려면 내가 진정으로 좋아하는 것이 무엇인지 알아야 하는데, 어떤 노래 가사처럼 내 속에 내가 너무 많아 시시각각으로 내 모습이 달라져 알기가 어렵다는 문제가 있다. 누구인들 한 번뿐인 인생을 허비하고 싶겠는가? 내 속에 있는 진정한 나를 불러올 수 있는 힘이 바로 콘셉트다. 따라서 이렇게 말할 수 있다. "자신에게 호명력을 갖는 콘셉트 있는 삶이 행복이다."

비즈니스에 생명력을 주다

콘셉트는 비즈니스와 고객을 매개하여 비즈니스에 생명력을 불러일으키는 힘을 갖는다. 이해를 돕기 위해 앞에서 예로 든 카페를 다시 보자. 그냥 카페라고 하면 누굴 만나 대화를 나누는 장소 정도로 생각하지만, '제3의 문화 공간'이라 하면 대화보다는 조용히 책을 보고 컴퓨터로 작업하는 공간으로 우리에게 다가온다. 이처럼 콘셉트는 비즈니스에 생명력을 불어넣어 우리에게 다가서게 하는 묘한 힘을 갖는다. 따라서 비즈니스, 신제품 개발, 디자인 등의 출발선은 바로 '콘셉트

정하기'다. 콘셉트가 분명하지 않는 사업은 결코 미래를 장담할 수 없다. 더 자세한 예는 다음 장에서 소개한다.

공공 부문에 생명력을 주다

서울의 구도심이나 도시 공단을 보자. 북촌, 서촌, 부암동 등이 구도심이다. 이곳을 몽땅 허물고 아파트나 오피스, 상가 등을 짓는 식으로 재개발하지 않았다. 기존 것을 의미 있게 살리고 예술 공간을 추가하여 새로운 명소로 탈바꿈시켰다. 쇠락한 주거지역이 문화예술이란 콘셉트로 재탄생하여 중요한 문화유산이 된 것이다. 구로동, 성수동 등 옛 공장 지역으로 알려진 곳이 이제는 젊은이들의 창작 공간, 세미나 공간, 인디예술 공간으로 다시 태어나고 있는 것도 모두 콘셉트의 힘이다. 문화예술 콘셉트로 도시가 재생된 예는 세계 도처에 널려 있는데, 이웃 일본의 나오시마섬은 쓰레기 처리장에서 문화 공간으로 새로 태어난 매우 좋은 사례다.[11]

정부나 공공단체가 제공하는 공공서비스에도 콘셉트가 생명력을 준다. '시청'이라고 하면 관료적이고 구태의연하게 느껴지지만 '시민청'이라고 호명하면 시민 곁으로 바싹 다가서는 느낌을 준다. 서울시에서는 계단 걷기 운동을 전개하면서 "계단은 건강입니다"라는 슬로건을 내걸었다. 이후 계단은 건강 콘셉트로 바뀌어 시민 앞으로 다가서게 되었다. 소방방

재청 또한 불 끄는 곳 정도로 생각하고 있었는데 119라는 콘셉트로 국민들이 가장 가깝게 느끼는 정부기관이 되었다.

주택 또한 마찬가지다. 분양주택과 임대주택으로 나뉘어 있던 주택시장에 행복주택이란 콘셉트가 얼마 전에 새로 등장했다. 사회 출발선에 서 있는 젊은이들에게 주택을 시중보다 20~40퍼센트 저렴하게 6년(최장 10년)까지 임대하는 콘셉트다. 이것이 발전하여 경기도에서는 임대료 일부를 지원하거나 인근에 창업 공간을 만들어 주거와 창업을 같이 갈 수 있게 하는 방식으로 진화하고 있다. 행복주택은 집을 '사는 buy' 것이 아니라 '사는 live' 곳이란 콘셉트로 보는 것이다.

공동체에 생명력을 주다

공동체에 생명력을 주는 콘셉트는 바로 문화다. 예를 들어 쿠바는 우리가 그냥 그 이름으로 호명하면 부정성이 느껴지는 나라다. 그런데 체 게바라, 헤밍웨이의 시가 cigar, 부에나비스타 소셜 클럽 등을 떠올리면 왠지 가깝게 느껴지고 기회가 닿으면 한번 가고 싶다는 마음이 들게 한다. 바로 문화가 콘셉트로서 우리를 호명하기 때문이다. 한류 또한 우리의 콘셉트로 외국 젊은이들이 한국에 오고 싶게 호명하는 힘을 갖는다.

중앙아시아에 산재한 고려인들은 이미 한글을 잊어버린

지 오래인데도 유독 같은 고려인들끼리 결혼한다고 한다. 이유는 바로 음식이다. 언어는 잊어도 음식취향은 쉽게 바뀌지 않는데, 이는 같은 음식 문화를 공유하는 공동체를 벗어나기 어렵게 한다. 음식 문화가 콘셉트로 작용하여 공동체가 유지되도록 생명력을 불어넣는 예다.

타레가Francisco Tarrega(1852~1909)가 작곡한 「알람브라궁전의 추억」이란 기타guitar 곡 덕분에 스페인 알람브라궁전은 200년 동안의 잠에서 깨어났다. 소설가 박경리는 『토지』에서 하동 악양을 호명하고, 『김약국의 딸들』에서 고향 통영을 호명하여 생명력을 불어넣었다.[12] 아이디어지만 거제도에 산재한 거대한 선박 도크들을 예술 공간으로 전환하는 작업을 한다면 조선 불황이 먼 미래엔 거제 경제에 큰 행운이 될 수도 있을 것이다.

요약

1인당 국민소득 3만 달러의 문턱에서 서성거리는 우리 경제의 문제점을 '이성'이 아닌 '상상력'의 눈으로 들여다보고자 이 책을 쓴다. 서론으로 쓰인 이 장은 다음과 같이 요약할 수 있다. 첫째, 인간은 이성으로 불을 피운 것이 아니라 상상력으로 불을 피웠다. 이는 이성보다 상상력이 문명 발달의 근원임을 말한다. 둘째, 상상력은 일반상상력과 비즈니스상 상력으로 나눌 수 있는데, 전자는 이미지가 중심이고 후자 는 콘셉트가 중심이라는 점에서 다르지만 상상이란 의식과 정은 동일하다. 셋째, 상상력은 이성과 달리 해체를 통한 탄 생을 중요하게 여겨 무한한 수태성을 갖는다. 해체는 기존의 것과 단절하고 감싸기하는 것이라서 다분히 디오니소스적 이다. 넷째, 비즈니스상상력의 중심개념인 콘셉트는 주체와 객체 간에 생명력을 불러일으키는 호명으로 강한 생명력을 갖는다. 따라서 콘셉트 있는 삶, 콘셉트 있는 비즈니스, 콘셉 트 있는 공동체는 아름다울 수 있다. 끝으로 이성과 상상력 의 관계다. 양자는 대립적인 것이 아니라, 이성을 넘어서는 것이 상상력이다. 따라서 상상력은 이성을 선도하면서 근원 에 다다르게 하는 힘이 있다. 철학적으로는 낭만주의적 관념 론인 칸트철학에 가깝다.

비즈니스상상력

'좋음'과 콘셉트

"어떤 삶이 좋은 삶일까?" "어떤 기업이 좋은 기업일까?"
"어떤 사회가 좋은 사회일까?" 아마 이것은 어제오늘 나온
질문이 아니라 과거부터 있어 왔고, 그리고 미래까지 쭉 이
어질 질문일 것이다. 이런 질문에 대한 답은 시대마다 다를
것이기 때문이다. 우리는 누군가가 돈, 권력, 명예를 얻으면
성공한 사람이라 한다. 기업 규모나 시장점유율^{market share}이
1등이면 성공한 기업이라고 한다. 사회 또한 유사한데 국민
소득이 높으면 좋은 사회로 평가한다.

이런 성과 위주의 '좋음'을 탓할 생각은 없다. 다만 이 책에서는 돈, 권력, 명예가 없어도 좋은 삶일 수 있고, 시장 성과가 높지 않더라도 좋은 기업일 수 있으며, 국민소득이 높지 않더라도 좋은 사회일 수 있음을 말하고자 한다. 성과주의가 규정하는 '좋음'은 사회적 폭력일 수 있다. 이는 1등이 아닌 기업이나 1등이 될 수 없는 중소기업의 설 자리를 없애기 때문이다. 세계 최고라는 등위는 우리를 자유롭게 하는 게 아니라 우리의 의식을 옭아매는 쇠사슬이 될 수 있다. 중소기업이라도 존중받을 수 있고, 국민소득이 높지 않더라도 행복할 수 있고, 돈이나 권력·명예 없이도 의미 있는 삶이 될 수 있다.

이러한 성과주의라는 감옥의 문을 여는 열쇠가 바로 '콘셉트'다. 콘셉트 있는 삶, 콘셉트 있는 기업, 콘셉트 있는 사회가 진정한 '좋음'의 길이라는 뜻이다. 지금부터 비즈니스에서 콘셉트의 의의를 구체적으로 살펴본다.

비즈니스 콘셉트 사례

'야놀자'라는 플랫폼 비즈니스가 있다. 투숙객과 모텔을 연결해주는 인터넷 플랫폼인데, 출발은 이러하다. 모텔에서 알바생으로 근무하던 창업자는 모텔 입구에 처진 주름 막을 바라보며 이런 생각을 했다고 한다. '왜 모텔은 스스로 어두운 이미지를 자처하며 음지에 숨을까?' 그래서 그는 주름 막을 걷고 양지로 나오게 하는 콘셉트를 생각해냈고, 그 결과 모텔은 합리적인 가격에 깨끗한 이미지를 갖춘 숙박 시설로 거듭나게 되었다.

덴마크의 유명한 완구회사 레고사 사례를 보자. 컴퓨터게임이나 스마트폰의 보급으로 블록장난감의 시대가 끝날 것으로 본 이 회사는, 레고를 테마로 하는 테마파크 레고랜드를 만들었다. 그런데 이 사업이 잘되지 않아 회사가 망할 위기에 이르렀다. 그러자 레고사는 블록 장난감이라는 원래 콘셉트로 돌아와 실적 개선turnaround에 성공했다. 블록 장난감을 좋아하는 어른들이 여전히 많이 있었던 것이다.

미국의 맥도날드 햄버거는 시간이 부족한 사람들이 값싸게 먹는 패스트푸드라는 콘셉트로 출발하여 전 세계에 퍼져나가 '빅맥지수'라는 이름으로 여러 나라의 물가를 비교하는 지표가 되기까지 했다. 하지만 비만의 원흉으로 몰려 어려움을 겪었는데, 이런 문제점을 직시하여 나온 것이 핸드메이드라는 슬로푸드 콘셉트의 햄버거다. 그 결과 햄버거는 비만의 원흉이 아닌 또 하나의 음식으로 자리를 잡게 되었다.

서점이 점차 설 자리를 잃어가고 있다. 사람들이 영화나

게임 등을 더 선호해서 책을 잘 읽지 않기 때문이기도 하지만, 서점에 직접 가는 대신 인터넷서점에서 책을 구입하기 때문이기도 하다. 이 문제점을 해결하기 위해 서점이 아닌 '책방'으로 콘셉트를 정해 새로 개점한 서점도 있다. 이런 책방에서는 책에다 스토리텔링을 집어넣어 미리 큐레이션하여 독자들에게 제공한다. 또 카페를 함께 차려, 책이 있는 카페가 아니라 서점 안에 카페를 들여놓은 일종의 콜라보레이션 콘셉트를 적용하고 있다. 일본의 한 유명 서점은 도서관이란 콘셉트로 재설계하여 사양길에 접어든 서점을 살리고, 더 나아가 시에서 운영하는 공공도서관의 운영을 대행하는 쾌거를 올리고 있기도 하다.[1]

지금의 에버랜드는 애초엔 용인자연농원이었다. 업業 개념을 자연농원으로 하고 보니, 1차산업이라 계절적 비수기를 피해갈 수 없었다. 적자를 볼 수밖에 없는 구조적 문제점을 지니고 있었던 것이다. 이를 타개하기 위해 3차산업으로 업 개념을 바꾸고 에버랜드란 상호로 바꾸었다고 한다. 이후 흑자로 전환되었고 지금은 삼성그룹의 지주사가 되었다.

업 개념을 예로 드니 비즈니스상상력이 업 개념을 새로 정하는 데만 적용되는 것으로 오해할 수 있는데 그렇지는 않다. 경영 방식, 비즈니스 모델, 신제품 개발, 새로운 마케팅 등을 기획하려 할 때 기본으로 매우 중요하다. 간단한 예를 보자.

대전에 있는 베이커리 업체인 성심당은 우리가 통상 알고 있는 수익이나 매출 위주의 계속기업이 아니라 사람 중심, 오늘 중심이란 새로운 경영 콘셉트를 도입하여 나름의 길을 가고 있다.[2] 홍대 앞에는 임대료가 비싸 부담을 느끼는 소기업인들이 모여 공간을 공유하는 새로운 비즈니스 모델이 생겨나고 있다. 거의 보이지 않을 정도로 간판을 작게 달고 장사하는 가게도 늘고 있어, 비즈니스 모델에도 콘셉트가 적용됨을 알 수 있다. 특히 콘셉트는 마케팅에서 많이 사용되고 있는데 광고 슬로건의 예를 보면 금방 이해가 될 것이다. "침대는 가구가 아닙니다, 과학입니다" "한국인의 두통약 게보린" 등의 광고 카피는 침대나 두통약을 달리 보게 한다.

위에서 몇 가지 사례를 들었지만 비즈니스 콘셉트의 사례는 무궁무진한데, 예시된 사례만으로 그 유형을 나누면 대략 세 가지가 있다. 비즈니스 모델, 경영 철학, 신제품 개발이 그것이다. 성심당의 사례는 경영 철학이고 '야놀자'와 책방의 사례는 비즈니스 모델이며 수제 햄버거는 신제품 콘셉트라 할 수 있다. 이들을 좀 더 살펴보기로 한다.

비즈니스 콘셉트 유형

비즈니스 모델

비즈니스 모델이란 부가가치를 창출하는 방식으로 정의되는데, 더 정확히는 비즈니스 콘셉트를 경영 활동으로 구현하는 방식이다.[3] 예를 들어 '야놀자'가 모텔을 음지에서 양지로 바꾸는 콘셉트를 발상했다고 하자. 콘셉트를 그리 생각하는 것으로 끝나서는 안 된다. 양지 콘셉트에 걸맞은 숙박 시설로 설계를 바꿔야 하고 그에 맞는 고객이 숙박하도록 해야 한다. 지금은 정수기의 상징처럼 알려져 있는 코웨이의 경우 처음에는 정수기를 만들어 팔던 제조업으로 사업을 시작했다. 그러다가 외환 위기로 나라 경제기 어려워지자 렌탈로 콘셉트를 바꾸어 코디를 활용한 서비스를 통해 성공을 거두었다. 그 어려운 경제 여건에서도 연간 100퍼센트 가까운 성장을 기록했으니 비즈니스 모델의 힘은 대단하다고 할 수 있다.

같은 유통업이라도 백화점과 대형마트, 온라인 유통의 비즈니스 모델은 다르며, 같은 백화점이라도 나라마다 비즈니스 모델이 다를 수 있다. 백화점은 서비스를, 대형마트는 머천다이징을, 온라인은 가격을 콘셉트로 하여 비즈니스 모델을 디자인하고 있다. 같은 백화점이라도 미국의 백화점은 상품을 직접 들여와 자기 책임으로 판매하는데 반해, 한국의 백화점은 브랜드 업체가 상품을 판매하고 백화점은 수수료만 받는 구조라 임대업이란 비아냥거림을 받는다.

비즈니스 모델은 전통적인 일방향 비즈니스 모델과 쌍방향 비즈니스 모델로 나뉘지만, 중요한 것은 콘셉트와 비즈니스 모델의 부합성이다.[4] 삼성전자의 비즈니스 모델은 갤럭시 콘셉트에 맞을 수 있고, 애플의 비즈니스 모델은 아이폰에 적합한 것이다. 만약 둘이 바뀌면 지금과 같은 사업 성과가 난다고 장담하기 어렵다. 따라서 어떤 비즈니스 모델이 더 우수하니 그것을 따라야 한다는 말은 애초에 성립하지 않는다. 화장품도 방판이란 모델로 팔기에 적합한 제품이 있고, 드러그스토어에서 팔기에 더 알맞은 제품이 있다. 요컨대 기능성으로 승부를 거는 화장품인 경우는 반드시 판매사원이 있어야 하겠지만, 가격으로 경쟁하는 화장품인 경우는 굳이 판매사원의 도움을 받을 필요가 없다.

경영 철학

어떤 경영 방식을 택하는지도 일종의 콘셉트다. 어떤 회사는 직원을 정규직으로 고용하고, 또 어떤 회사는 파견직이나 파트타임으로 고용한다. 재무나 경리 파트가 힘이 있는 회사가 있고 영업이나 마케팅 부서가 힘이 있는 회사가 있다. 시즌, 즉 계절적 비수기가 있어 풀타임 고용이 어려운 기업인 경우는 파견직이나 파트타임을 선호할 것이고, 장치 산업이라 늘 생산이 일정한 회사는 정규직을 고용할 것이다. 문제는 정규직을 임금 낮출 목적으로 파견직으로 대체하는 경우인데, 이 또한 경영 콘셉트라면 할 말이 없다. 다만 이러한 경영 콘셉트를 가진 회사는 시장에서 오래 버틸 수 없게 만드는 소비자의 깨어 있는 의식이 필요하다.

한편 재무와 경리 부서는 보수적이고 영업이나 마케팅 부서는 외부에 노출되어 있어 진보적이다. 대기업으로 갈수록 보수적이라 재무나 경리 출신이 CEO 자리를 차지하는 현상이 뚜렷한데, 흥미로운 사례가 맥주회사인 OB다. 이 회사는 세계적인 맥주회사인 앤호이저부시에서 매입하여 어려움을 겪다가 미국 발 금융 위기 때 홍콩계 사모펀드에 13억 3,000만 달러에 5년 옵션으로 팔렸다. 그로부터 5년 만에 앤호이저부시는 사모펀드로부터 58억 3,000만 달러에 OB를 되샀는데, 기업 가치가 그사이 5배 이상 뛰었기 때문이다. 대체 5년 사이에 OB에 무슨 일이 일어났던 걸까? 주류 영업으로 유명한 CEO를 외부에서 영입하여 현장 경영과 소통 경영을 한 결과 기업 가치가 급등한 것이다. 사모펀드가 인수하면 재무통을 CEO로 영입하여 구조조정을 하고 회사를 되파는 것이 상식인데, 영업통을 CEO로 앉혀 엄청난 성과를 거둔 사례다.

여기서 말하고자 하는 핵심은 경영도 일종의 콘셉트라 그 콘셉트를 잘 정하면 엄청난 이익을 가져올 수 있다는 것이다. 모든 직원을 정규직으로 두는 식품회사 오뚜기는 특이하게도 주가에서 식품업계 수위를 달리고 있으며, 기독교 정신을 경영에 접목하는 것으로 알려져 있는 (주)하림은 임금은 높지 않지만 지역 경제와 발을 맞추어 뛰어난 경영 성과를 보이고 있다.

브랜드 정체성과 신제품 개발

가장 흔히 접할 수 있는 콘셉트가 제품이나 브랜드에 적용된 것이다. 브랜드 정체성에 적용된 콘셉트는 캠페인 슬로건에 잘 나타난다. "처음보다 더 극적인 등장(성형외과)" "한 잔의 커피는 한 번의 여행입니다(맥심커피)" "오늘은 부동산을 사고 부동산은 내일을 산다(부동산회사)" "철학은 지키고 과학은 나아간다(뉴트리라이트)" "제주의 자연(이니스프리)" 등 거의 모든 유명 브랜드의 콘셉트는 정체성이 분명하다.

다음은 신제품 개발에 적용된 콘셉트 사례다. 꽤 오래전에 사장님의 비서를 바꾸지 못하는 이유가 사장님 커피 취향 때문이라는 이야기가 있었다. 커피, 프림, 설탕을 어떤 비율로 탔을 때 사장님이 좋아하는지 알아야 하기 때문이다.

이 에피소드는 기존의 인스턴트커피가 사용하기에 얼마나 불편한지를 말해준다. 이런 문제를 해결한 것이 바로 커피믹스다. 만인의 공통 입맛을 만족시키는 커피믹스는 사용상 편리란 콘셉트로 대박을 친 셈이다. 하지만 설탕을 넣지 않거나 적게 넣는 소비자도 있기 마련이어서 커피믹스 내용물에 문제를 제기했다. 그러자 동서식품은 설탕을 조절할 수 있는 스틱 모양의 커피믹스를 개발하여 큰 히트를 쳤다. 이를 본 한 세계적인 업체가 같은 스틱 모양에 칸막이가 있는 신제품을 개발하여 필자에게 자문했다. 그때 이렇게 자문에 응한 것을 생생히 기억한다. 커피믹스는 사용 편의를 콘셉트로 하는데 칸막이 스틱은 두 번 잘라야 하는 불편함이 있어 실패할 것이라고. 담당자가 화를 내면서 돌아갔는데 얼마 못 가 그 제품은 시장에서 사라졌다.

요약하면 비즈니스 모델, 경영 철학, 브랜드 정체성, 심지어 신제품 개발까지 콘셉트가 분명하고, 그것이 고객 가치를 반영할 때 비즈니스는 성공할 수 있다는 것이다. 역으로 콘셉트가 분명하지 않거나 설혹 분명하더라도 고객 가치를 반영하지 못하면 비즈니스는 성공할 수 없다는 뜻이다. 그렇다면 그 이유는 무엇일까?

콘셉트는 권력이다

이유는 한마디로 이렇게 말할 수 있다. "콘셉트는 권력이다." 이 선언적 표현에 고개를 갸웃할지 모르겠다. 권력·돈·명예 등은 세속적 욕망이므로 피해야 하는 것으로 아는 사람들은 특히 더 수긍하기 어려울 것이다. 권력은 "타자에게서 자아(에고)가 존재하는 힘"인데, 이는 다시 벌거벗은 권력과 매개된 권력으로 나눌 수 있다.[5] 벌거벗은 권력은 강제로 타자가 나의 견해나 생각, 태도 등 에고를 받아들이게 하는 힘으로 폭력을 수반할 수 있다. 수용하지 않을 경우 돌아올 처벌이 두려워 설혹 부당하더라도 따라야 하기 때문에 폭력성을 내포한다. 이처럼 벌거벗은 권력은 자기 목소리를 위해 타자의 목소리를 억압한다는 점에서 부정성을 띤다.

하지만 매개된 권력은 다르다. 이는 강요하지 않지만 따르는 힘을 말하는데, 일종의 설득 없는 설득이다. 나를 좋아하라고 말하지 않는데도 좋아하는 것이 바로 설득 없는 설득이고 매개된 권력이다. 벌거벗은 권력이 부정성을 띤다면 매개된 권력은 긍정성을 띤다. 다만 긍정성으로서의 권력은 잘 드러나지 않는다. 그 권력이 드러났을 때는 이미 그것이 나약해졌다는 증거다. 울리히 벡Ulrich Beck(1944~2015)의 말을 들어보자.[6]

권력에 대한 망각과 그 권력의 크기는 서로 긍정적으로 상응한다. 우리는 다음과 같이 말할 수 있다. 아무도 권력에 대해 말하지 않는 곳에서 권력은 물어볼 필요도 없이 존재하며, 그 자명성으로 인해 권력은 확실하고 거대하다. 권력이 테마화되는 곳에는 이미 권력의 몰락이 시작된 것이다.

헤겔, 니체, 푸코 등 여러 철학자들이 매개된 권력의 긍정성에 대해 이야기하고 있다. 다소 어렵지만 그들이 하는 말을 들어보기로 하자.

헤겔Georg Wilhelm Friedrich Hegel(1770~1831)은 아예 콘셉트를 권력이라고 말한다.[7] "콘셉트는 권력이다. 콘셉트는 흩어진 객관성 속에서 자신을 포기하거나 상실하지 않고 자신의 통일성을 보여준다. 타자 속에서 자신의 통일성을 보존하는 것이야말로 콘셉트이기 때문이다." 콘셉트는 다양한 현상을 모으고 매개하고 관통해 하나의 전체성을 형성하게 한다. 또한 콘셉트는 주위를 장악하면서 모든 것을 자신 안에 붙잡는다는 점에서 붙잡음이다. 그렇기에 콘셉트는 모든 것 속에서 자기 자신으로 존재한다. 콘셉트는 흩어진 타자 속에서 자신을 상실하지 않는다. 콘셉트는 부분들을 하나로 모으는 중력처럼 작용하기 때문이다. 타자 속에서 자신에게로 회귀하는 것은 콘셉트의 근본 특성이기도 하다.

니체Friedrich Wilhelm Nietzsche(1844~1900)는 권력과 의미 생성 사이의 복합적 연관성을 강조하는데, 그는 한 의지를 다른 의지에(종종 강요라는 고통스러운 방식으로) 각인시키는 '호명'을 권력이라고 본다.[8] 지배하는 자들은 모든 사물과 사건에 고함을 질러 낙인을 찍음으로써 그것을 자기 소유로 삼는다. 다시 말해 권력자는 사물들의 해석이 의거하고 있는 의미를 만들어내는데, 이 의미는 권력자가 그 안에서 자기 자신을 발견하는 호명이다. 요약하면 니체는 호명이 사물들에 의미를 부여하는 권력이라고 간주한다. 니체 식으로 보면 브랜드가 권력이다.

푸코Michel Paul Foucault(1926~1984)는 『감시와 처벌』에서 권력의 세 가지 작동 메커니즘을 설명한다.[9] 첫 번째 메커니즘은 주권자적 권력이다. 이것은 칼의 권력으로, 위에서 아래로 빛을 비추듯 작동한다. 이 권력은 육중한 방식으로 자신을 과시하고 복수나 투쟁, 승리라는 형태를 띤다. 주권자적 권력의 언어가 '피의 상징'으로 국한되어 있다는 점에서 이 권력은 매개 수준이 낮다. 두 번째 메커니즘은 시민적 법률의 권력이다. 칼이 아니라 법을 만들어내는 힘으로 이성을 통해 작용하려 하지만 이 또한 매개성은 낮다. 세 번째는 주체 속으로 깊이 파고들어 흔적을 남기는 아비투스habitus(한 사회집단의 흐름이나 관습)인데 권력으로서 매개성이 높다. 이처럼 푸코는 강제 권력이나 법보다 내재화된 아비투스를 권력으로 보고 있다.

이해하기에 좀 난해하지만 세 철학자가 말하는 매개된 권력을 살펴보았다. 매개된 권력의 핵심이 바로 콘셉트임을 직간접으로 이들은 말하고 있다. 콘셉트는 의미를 갖기 때문에 이에는 폭력이 없다. 따라서 폭력에는 콘셉트가 없다고 말해도 될 것이다. 더 많고 더 깊은 콘셉트를 자신 안에 품은 권력일수록 더 적은 강제와 폭력에 의존한다. 더구나 콘셉트는 타자를 복종시키는 것이 아니라 타자를 본질 속으로 방생하거나 해방시키는 '자유로운 권력'이다. 이런 점에서 본다면 콘셉트는 '수태성'을 갖는데, 그 속에서 새로운 타자가 탄생할 수 있기 때문이다.

그렇다면 비즈니스권력인 콘셉트를 실무에서 어떻게 정하면 될까? 우선 지침만 간단히 알아보고 다양한 방법은 3부에서 살펴보기로 한다.

콘셉트 정하기

콘셉트가 비즈니스에서 권력이라고 밝혔다. 이제 실무에서 콘셉트를 정할 때 고려해야 할 구체적인 조건을 말할 단계에 왔다. 모든 호명이 콘셉트인 것은 아니다. 조건이 있다는 뜻이다. 그 조건은 어원에서 유추할 수 있다. 'concept'는 'con+cept'인데, 접두어 'con'은 '여럿, 반대' 등의 의미를 가지고 있고 'cept'는 '잡다'라는 뜻이라서, 우선 여럿을 붙잡아 하나로 묶는 것으로 이해할 수 있다.[10] 또한 붙잡은 것이 기존의 것과 이항대립이어야 함을 '반대'라는 의미의 'con'을 통해 알 수 있다. 세 번째로 'cept'는 붙잡는 데서 끝나는 것이 아니라 통일성과 지속성을 확보해야 함을 함축한다.

따라서 콘셉트를 정할 때 따를 수 있는 세 가지 조건을 정리할 수 있다. 첫 번째로 복수 호명 중에서 하나를 정해야 한다. 예컨대 농업을 1차, 2차, 3차, 6차 등으로 생각할 수 있기 때문에 단수가 아니라 복수다. 대학 또한 "민주 시민의 양성 기관"으로 보는 한 가지 안목만 있다면 콘셉트라 하지 않는다. 취업 예비 학교로 보는 또 다른 안목이 있어야 콘셉트의 조건을 갖춘다. 두 번째는 기존의 것과 이항대립적이어야 한다. 1차산업이란 눈으로 농업을 논의하는 것과 6차산업으로 농업을 바라보는 것은 큰 대조를 이룬다. 취업 목적의 대학과 교양교육 목적의 대학은 이항대립적일 수 있다. 저가 항공은 풀서비스 항공과 서비스와 가격에서 이항대립적이다. 세 번째는 전체를 붙잡는 것이다. 공자孔子는 이를 "일이관지 一以貫之"라 일컫는다. '하나로써 그것을 꿰뚫는다'는 뜻으로 처음부터 끝까지 변하지 않음과 전체의 통일성을 가리킨다.

『논어論語』「위령공衛靈公」 편에서 공자는 제자 증자曾子에게 "나의 도는 일이관지하는 것이다"라고 말한다.[11] 비즈니스에서 일이관지는 콘셉트가 디테일로 소화되고 이것이 지켜지는 것이다.

따라서 우리가 콘셉트로 비즈니스에 생명력을 불러일으키려면 먼저 다양한 호명 중에서 하나를 붙잡아야 하고, 다음으로 붙잡은 콘셉트가 기존의 것과 이항대립적인지 논의해야 한다. 마지막으로 이 콘셉트가 디테일까지 연결되는지를 체크해야 한다. 따라서 콘셉트는 그것을 정하는 것과 그것이 일관성 있게 실행되는지 여부, 두 가지로 정리할 수 있다. 미국의 오토바이회사인 할리데이비슨은 콘셉트를 '열정'으로 정하고 혼다의 공격에 흔들릴 때도 그 스타일을 지켜간 것으로 유명하다. 하지만 우리나라 대부분의 기업에서 콘셉트는 '국기함에 들어 있는 국기"와 같은 경우가 흔하다. 기념식 때나 가끔 찾고 평소에는 잊고 사업을 하는 행태를 빗댄 표현이다.

예를 들면 프랜차이즈 베이커리회사면 프랜차이즈란 콘셉트에 충실하여 가맹점과 함께 성장하는 길을 흔들림 없이 지켜가야 할 것이고, 이에 맞서는 독립 베이커리는 특유의 콘셉트로 고객과 관계를 설정하고 이를 지켜가야 할 것이다. 그래야 하는데도 사업 성과가 조금만 나빠지면 금방 혼란에

빠진다. 그래서 둘 다 어려움을 겪는 것이다. '일이관지'는 정말 중요한 덕목임을 거듭 강조한다.

요약

이 장은 특히 비즈니스에서 콘셉트가 갖는 의의를 설명하는데 이렇게 요약할 수 있다. 첫째, 콘셉트가 분명하고 일관성이 있어야 좋은 비즈니스다. 둘째, 비즈니스 콘셉트란 비즈니스 모델, 경영 철학, 신제품 개발이나 브랜드 정체성 등 다양한 것에 적용할 수 있다. 셋째, 비즈니스에서 콘셉트가 성공을 보장하는 것은 콘셉트가 권력이기 때문이다. 콘셉트는 폭력을 수반한 권력이 아니라 매개된 권력이다. 이는 설득 없는 설득이라고 달리 표현할 수 있는데, 우리 기업을 좋아해달라고 하지 않더라도 콘셉트가 뚜렷하면 고객은 끌리게 됨을 말한다. 넷째, 콘셉트를 정할 때는 지켜야 할 세 가지 가이드라인이 있다. 호명, 이항대립, 전체의 통일성이 그것이다. 이렇게 중요한 가이드라인이 우리나라 비즈니스에서는 잘 지켜지지 않고 있음을 '국기함에 들어 있는 국기'로 비유한다. 그래서 벌거벗은 권력으로 고객을 설득하려는 무리수를 두는데, 그 증거가 나를 좋아해달라는 광고를 끊임없이 하는 것이다.

철학, 예술 그리고 문학 상상력

이번 장에서는 비즈니스가 아닌 다른 영역에서 상상력이 어떻게 논의되고 있는지 알아보려 한다. 그래서 상상력을 중시하는 학문의 문을 두드려본다. 상상력은 의외로 많은 분야에서 논의되고 있다. 철학 상상력은 칸트Immanuel Kant(1724~1804)를 중심으로 한 구성주의constructionism와 이를 비판하는 현상학phenomenology과 상상학 등에서 논의되고 있다. 그리고 예술과 문학은 그 자체가 상상력이라 할 정도로 일반화되어 있다. 복잡한 내용인 데다 비전공 분야라는 한계가 있음을 미리 밝혀두고 정리를 시작한다.

구성주의가 말하는 상상력

칸트의 구성주의

『판단력 비판』은 인간의 심미성, 즉 아름다움을 논의한 칸트의 저서다.[1] 이 책에서 그는 여러 가지 상상력을 논하고 있다. 직관능력으로서의 상상력, 현시능력으로서 상상력, 생산적 인식능력으로서 상상력, 재생산적 상상력, 포착하는 상상력, 총괄하는 상상력, 직관의 잡다함을 합성하는 상상력, 공간을 규정하는 상상력 등이다. 이 가운데 생산적 인식능력인 '창의적 상상력creative imagination'과 '재생산적 상상력reproductive imagination'이 후학들에게 많이 인용된다. 그래서 칸트가 두 상상력만을 얘기한 것으로 알려져 있지만 실상은『판단력 비판』여기저기서 다양한 상상력을 말하고 있다.

이처럼 다양한 칸트의 상상력을 한마디로 '구성주의'라고 한다.[2] 예를 들어 아이에게 나팔꽃, 채송화, 분꽃 등 시골집 담벼락 밑에서 꽃을 피우는 식물을 가리키며 꽃나무라고 알려주면 아이는 담벼락을 타고 올라가는 덩굴장미를 보고 꽃나무라고 한다. 구성주의는 실체에서 이미지가 형성되는 것이 아니라 인간의 마음에 들어 있는 것, 즉 선험적 지식에 따라 이미지가 그려진다고 간주한다. 원래 인간 정신에 꽃이란 아름다움이 들어 있어 채송화나 분꽃으로 일깨워지면 이

것이 덩굴장미를 꽃으로 구성하여 본다는 것이다. 달리 말해 아름다움이 마음속에 있기 때문에 장미가 아름다워 보이는 것이지 장미의 아름다움이 원래 존재하는 것은 아니라는 것이다. 그러므로 장미꽃은 소녀의 눈에는 머리를 장식할 꽃으로 보이지만 소의 눈에는 먹이로 보인다.

이 논리에 따른다면 과일을 '먹거리'로 보는 콘셉트는 농부의 마음속에 이미 존재한다. 즉 인간적 가치인 사랑, 행복, 정의로움 등을 마음속에 가지고 있어 상품이 아닌 '먹거리'란 콘셉트로 보게 되는 것이다. 따라서 인간적 가치를 강조하면 아이의 먹거리란 콘셉트가 생성될 수 있고, 반대로 돈을 강조하면 과일을 상품으로 보는 콘셉트가 강화될 수밖에 없다.

급진적 구성주의

칸트의 구성주의를 발전시켜 사람과 동물에 적용한 것이 '급진적 구성주의radical constructionism'인데, 윅스퀼Jakob Johann von Uexküll(1864~1944)과 마투라나Humberto Maturana(1928~)가 대표적인 학자다.[3] 이들은 칸트와 달리 활동능력과 인지능력에 따라 이미지를 만들어낸다고 본다. 칸트의 선험적 지식을 활동능력과 인지능력으로 바꾼 점은 다르지만 이미지는 만들어진 것이란 구성주의적 관점은 칸트와 동일하다.

이 논리에 따르면, 파리는 문을 열 수가 없기 때문에 문과 벽의 이미지가 같은 것으로 보아 구분하지 못하지만, 인간은 문을 열 수 있어 문과 벽의 이미지를 다르게 그린다. 또한 파리는 먹을 것과 먹지 못할 것만 구분할 수 있어 사람을 책상이나 벽처럼 인식해 무서운 줄 모르고 사람한테도 앉는다. 흔히 나이가 들수록 세월이 빨리 간다고 하는데, 노인이 되면 운동능력이 떨어져 모든 것을 상대적으로 빠른 이미지로 구성하기 때문이다. 이 논리에 따르면 상상력은 다양한 경험과 행위로 커질 수 있다.

현상학이 말하는 상상력

공중화장실에서 볼 수 있는 남자 소변기를 전시한 뒤샹Marcel Duchamp(1887~1968)의 「샘Fountain」이란 작품은 '현상학'에서 말하는 상상력의 좋은 예다.[4] 소변기를 유명 미술관에서 만나면 작품이 되고, 그냥 공중화장실에서 만나면 변기가 된다. 영국의 한 유명 여류 설치미술가는 자기가 사용하던 침대, 구겨진 시트와 이불, 그 위에 아무렇게나 뒹굴고 있는 속옷들, 담배꽁초가 수북한 재떨이 등을 전시장으로 그대로 옮겨 선보였는데, 이것을 어떤 이가 구입하여 자기 집에 설치

했다. 이를 보고 그 작가는 "저것은 예술작품이 아니다"라고 선언했다. 수집가의 집에 작품을 설치한 사람이 자신이 아니었기 때문이다.

이 예가 전하는 메시지는, 예술도 대상과 작가 의식의 만남이 빚어내는 의도성에 따라 결정된다는 것이다. 이 논리가 바로 현상학이다. 초기 현상학 이론을 주도했던 후설^{Edmund Husserl}(1859~1938)은 철학의 주요한 임무는 우리의 의식과 대상이 만나서 이루어지는 경험의 수수께끼를 해명하는 일이라고 보았다. 특히 인간 의식과 대상 사이의 관계를 밝히는 일, 후설의 표현에 따르면 '의도성^{intentionality}(또는 지향성)' 문제를 해명하는 일이야말로 모든 개별 과학의 배후에서 이론적 근거를 제시해주는 철학의 과제라고 생각한다. 따라서 현상학은 의도성을 철저히 파고든다.

예를 들어 우리가 의자라고 할 때 다리, 팔걸이, 등받이가 있는 것으로 생각하는 것은 그런 의도성이 이미 마음속에 있기 때문이다. 다리가 없으면, 팔걸이가 없으면, 등받이가 없으면 의자가 아닌가? 하고 묻는 것을 후설은 '사유변경' 또는 '판단중지'라고 한다.

현상학은 이처럼 칸트의 구성주의를 비판하는 입장에 선다. 상상력은 선험적 지식이 나타난 것이 아니라 대상과 의식의 만남이라는 것이다. 그래서 후설의 현상학을 이어받은

제자인 하이데거^{Martin Heidegger}(1889~1976)는 '사유의 경건함'
이란 말로 탈은폐의 사유인 '물음'을 강조한다. 현상학은 '물
음'이야말로 상상력의 핵심이라고 주장한다. 가령, 사랑이
뭔지 물어야 새로운 콘셉트의 사랑이 생기는 것이다.

구성주의를 비판하는 또 하나의 철학이 '해체주의
deconstructionism'다.[5] 아예 구성주의에서 탈피한다고 'de'라는 접
두어를 붙였다. 해체주의의 핵심은 이렇다. 우리의 해석을
좌우하는 '선택과 조건'을 의문하는 것이다. 해체주의는 현
상학의 중심인물인 후설과 하이데거를 이어받아 언어학의
영향을 받은 데리다^{Jacques Derrida}(1930~2004)가 정리한 철학으
로 길게 설명하기는 무리여서 간단한 예를 들기로 한다.

레스토랑에서 그럴듯한 식사가 끝났다. 웨이터가 다가와
묻는다. "후식은 커피와 차가 있습니다. 무엇을 드시겠습니
까?" 이 말에 손님은 이렇게 대답한다. "아무거나 괜찮습니
다." 차나 커피 중 어느 것이든 개의치 않는다는 의미로 누구
나 받아들일 것이다. 이를 "후식은 필요 없습니다"로 해석하
면 이상한 사람으로 취급받을 것이다. 무엇을 선택할지 질문
을 받으면 그중에서 판단을 해야 사회적으로 수용할 수 있
기 때문이다. 해체주의는 바로 이 점을 파고든 철학이다. 이
렇게 이미 주어진 '선택과 조건'이 갖는 의미에 대해 곰곰이
생각하고 이러한 사유의 틀에서 벗어나고자 하는 것이 해체

주의다.

해체주의는 비즈니스상상력에서 매우 중요할 수 있는데, 기존의 스키마(지식체계)에서 벗어날 수 있도록 해주기 때문이다. 김위찬 교수는 『푸른 바다 전략』에서 말한다.[6] 푸른 바다는 붉은 바다를 해체하여 만들어지는 것이지 새로운 바다가 아니라고. 태양의 서커스, 저가 항공, 패스트패션은 새로운 콘셉트지만, 이 모두는 기존의 전통 서커스, 풀서비스 항공, 포시즌패션을 해체하여 새로 태어난 것이다. 이런 예에서 볼 때, 요즈음 쟁점이 되고 있는 4차 산업혁명의 기본 철학을 해체주의라 할 수 있다.

상상학이 말하는 상상력

바슐라르가 주창한 상상력은 이미 앞 장에서 논의했다.[7] 여기서는 그가 말한 이미지를 설명하는 선에서 마무리한다. 그는 이미지를 시각적 이미지와 정신적 이미지로 나누고 후자인 정신적 이미지에 주목한다. 우리가 어떤 육면체를 보고 정육면체니 직육면체니 하는 것은 형태적 이미지, 즉 시각적 이미지다. 반면에 육면체가 나무로 되었는지, 진흙으로 되었는지를 생각하는 것이 질료적 이미지인데, 이것이 바로 정신적 이미지다. 우리가 보는 촛불, 전깃불, 모닥불은 어디까지나 형태 또는 시각 이미지일 뿐이며 질료, 즉 정신 이미지는 그것을 넘어선, 그것의 뿌리인 '원형archetype'이다. 예컨대 촛불은 불을 밝히는 조명일 수도 있고 침묵하는 시위일 수도 있다. 한편 어떤 대상 없이 스스로 피어나는 이미지를 역동적 이미지라고 한다.[8]

덧붙여 이미지가 넘쳐나는 현대사회에서 이미지와 상상력의 관계를 생각해본다. 인간은 상상력의 소산인 이미지 속에 파묻혀 살고 있지만, 이 이미지로 인해 오히려 상상력의 발현이 가로막히는 역설에 처해 있다. 이러한 상황에서 이미지와 상상력에 대한 연구는 더 이상 예술미학 차원의 문제가 아니라 인간의 진정한 생존 문제가 된다. 따라서 시급한 것은 건강한 이미지의 위상을 되찾는 일이다. 그러기 위해서는 지금과 같은 시각 이미지 일변도가 아니라 원형인 정신 이미지가 다시 태어나게 해야 한다고 상상학은 말한다.[9] 정신 이미지가 바로 콘셉트다.

예술과 문학이 말하는 상상력

예술과 문학이라 하지만 사실은 문학은 예술의 한 분야라

부수적일 수 있다. 먼저 예술에서 상상력을 논의하고 문학은 간단히 정리하기로 한다. 예술 이론이 다양하여 예술의 정의 또한 여럿이지만 간단히 말하면 "인간의 유희 본능을 상상력으로 표현한 기호"로 정의할 수 있다.[10] 예술은 상상력이 핵심임을 말해주는 정의다. 인간의 상상력이 들어갈 때 비로소 예술품이 되는 것이다. 예술에서 말하는 상상력을 들어보자.[11]

변형이 없는 상상력은 상상력이 아니다. 방금 보았던 바깥에 있는 풍경을 상상한다 할지라도 도대체 변형이 없을 수 없다. 변형이라고 해서 그저 형태만을 변경하는 것이 아니다. 색채도 촉각도 냄새도 맛도 변경한다. 상상력은 이 모든 감각적인 내용들을 한데 뒤섞기도 하고 분리하기도 하면서 갖가지 변형을 일삼는다. 변형은 늘 다른 것들을 만들어내는 생산의 과정이다. 그러고 보면, 상상력은 다양성을 생산해내는 원동력이다. 풍경은 볼 때마다 그 모습이 다르다. 순간순간 다르게 보이는 것은 상상의 힘이 작용하기 때문이다. 상상력에 의해 풍경은 다양성을 갖게 된다. 상상력은 다양성을 생산해내는 원동력이다. 하지만 상상력은 다양한 이미지의 본질에 접근하는 길을 열어주기도 한다. 진달래, 산수유, 유채 등을 보면서 봄꽃이라고 알듯이 상상력은 동일성을 생산해내는 원동력인 것이다.

결합해서 보면, 상상력은 다양성을 생산해내는 원동력이면서 동시에 동일성을 생산해내는 원동력이기도 하다. 상상력은 다양성을 생산함으로써 동일성을 생산하고 동일성을 생산해냄으로써 다양성을 의미 있게 만드는 이중적 작용을 한다. 다양성의 방향으로 치달을 때 상상력은 감각으로 향하고, 동일성의 방향으로 치달을 때 상상력은 개념으로 향한다.

다시 말해 예술에서 상상력은 다양한 변형과 동일성을 생산하는 포착이라 할 수 있다. 다양한 변형은 감각적 이미지를 그려내는 상상의 힘이고, 동일성을 생산하는 포착은 개념적 이미지를 그려내는 상상의 힘이다. 양자는 밀접한 관련을 맺고서 예술을 완성시키지만 개념적 이미지는 단순한 감각적 이미지를 강화하기 위한 수단이다. 개념적 이미지는 개념이 아니다. 사유되는 개념을 상상력을 통해 이미지로 바꾼 것이다. 이에 비해 감각적 이미지는 훨씬 더 사물에 가깝다. 사실 사물은 감각 덩어리이기 때문이다. 개념과 사물은 먼 거리를 사이에 두고 있다. 그 거리를 개념 쪽에서 메우는 것이 개념적 이미지이고, 사물 쪽에서 메우는 것이 감각적 이미지다. 상호 밀접하지만 예술작품이 완성되고 나면 개념적 이미지는 사라져 관람자의 마음속에서 되살아난다.

문학에서 상상력은 예술에서와 다를 것이 없지만 좀 더

구체적이다. 산문인 소설과 운문인 시로 나누어 살펴본다. 먼저 소설은 팩트를 재구성하여 삶의 진리를 찾아가는 것으로 정의된다.[12] 영국 시인 아널드^{Matthew Arnold}(1822~1888)는 이렇게 말한다. "문학은 우리의 삶을 재해석하여 우리를 위로하고 지탱하게 해준다." 재해석하는 방식이 바로 문학적 상상력인데, 이것은 다시 리얼리즘과 낭만주의로 나뉜다. 리얼리즘 상상력은 또다시 비극적·희극적·문제극적 상상력으로 세분화되고, 낭만주의 상상력은 판타지·로맨스·드라마 등으로 세분화된다.

소설의 상상력인 리얼리즘과 낭만주의는 예술의 상상력과 밀접하게 관련되는데 리얼리즘은 개념적 이미지와 낭만주의는 감각적 이미지와 연결된다. 그렇다면 어떤 작품이 명작인지가 궁금해진다. 리얼리즘이든 낭만주의든 처음부터 끝까지 플롯과 작중 인물의 성격에서 내적 통일성을 유지하는 작품이 대체로 명작의 반열에 오른다고 한다.

한편 시는 소설과 달리 플롯과 성격이 아닌 이미지와 이미지, 즉 '이미지중첩^{imagery}'으로 삶의 진리를 드러내어 우리의 삶을 바라보게 한다. 따라서 소설보다 이미지가 훨씬 더 중요하다. 이미지중첩에서 이미지는 어떤 이미지를 나타내기 위한 은유로 사용되는데, 이미지중첩을 쉽게 설명하기는 어려우므로 예로 대신한다. 미국 시인이자 시나리오 작가인

도로시 파커^{Dorothy Parker}(1893~1967)의 「이력서^{Résumé}」('다시 시작하다'라는 뜻의 동사이기도 하다)란 작품을 감상해보자.[13] 생의 의지를 다양한 이미지중첩으로 그려내고 있다.

면도칼은 아프고;

강에 빠지면 축축하고;

산^酸은 얼룩이 지고;

약물은 경련을 일으킨다.

총은 합법적이지 않고;

밧줄은 풀리며;

가스는 냄새가 고약하다;

그러니 차라리 사는 게 나아.

요약

평생을 이 분야만 파고들어도 알 듯 말 듯 하다는데, 일개 경영학자가 정리하려니 한계가 크다. 그렇다고 그냥 넘어갈 수도 없고 해서 다소 무리지만 정리하여 요약하면 이렇다. 첫째, 철학에서 말하는 상상력이다. 칸트를 중심으로 한 구성주의와 이를 비판하는 현상학과 해체주의가 있다. 구성주의에서는 사람 마음속에 대상의 이미지가 이미 존재한다고 보지만, 현상학과 해체주의에서는 의식이 대상을 인식하여 만들어낸 것을 이미지라 한다. 현상학은 '의도성'에, 해체주의는 '선택과 조건'에 주목하고 있다. 둘째, 칸트는 상상력을 다양하게 구분지어 논했지만 그중 창의적 상상력과 재생산적 상상력이 주로 인용된다. 셋째, 상상학을 만든 바슐라르는 이미지를 시각적 이미지, 질료적 이미지, 역동적 이미지로 나누고 특히 질료적 이미지를 원형으로 본다. 넷째, 예술의 상상력이다. 문학을 포함한 예술은 그 자체가 상상력이라 딱히 대표적인 학자를 소개하기 어렵지만 핵심은 감각적 이미지와 개념적 이미지다. 문학, 특히 소설에서는 이를 낭만주의적 상상력과 리얼리즘적 상상력이라 한다. 이상에서 보는 것처럼 철학과 예술에서 상상력은 이미지 중심으로 논의되고 있어 콘셉트 중심의 비즈니스상상력과 차이가 있다. 비즈니스의 콘셉트는 소통중심이고 일이관지하는 기호지만, 철학과 예술의 이미지는 자기중심이고 변동하는 기호이다.

제2부

상상력이
찾아드는 마음

리버티와 리버럴

어떤 마음에 상상력이 찾아들까

칸트는 상상력은 이미 마음속에 있다고 한다. 그래서 생각한 타이틀이 "상상력이 찾아드는 마음"이다. 상상력이 찾아드는 열린 마음이 있고 외면하는 닫힌 마음이 있음을 말하려 한다. 상상력이 찾아와 춤을 추는 열린 마음을 찾기 위해 에피소드를 들어본다.

에피소드 1: 자유의 여신상

건국 200년도 채 되기 전에 세계 최강국이 된 미국의 힘은 무엇일까? 프래그머티즘과 청교도 정신 등으로 답할 수 있겠지만, 뉴욕 항구 리버티섬에 우뚝 서서 미국을 바라다보고 있는 자유의 여신상이 바로 미국의 진정한 힘이다. 자유를 찾아 멀고 먼 이국땅으로 이주한 터라 자유를 무엇보다 중시할 수밖에 없었던 미국의 선조들, 그렇기에 바로 이 자유가 미국의 힘으로 작용한다. 미국 수정헌법 제1조를 보자. 자유의 여신상은 거기에 그대로 살아 있음을 알 수 있다.

연방의회는 국교를 정하거나 자유로운 신앙 행위를 금지하는 법률을 제정할 수 없다. 또한 언론, 출판의 자유나 국민이 평화로이 집회할 수 있는 권리 및 불만 사항 해결을 위하여 정부에게 청원할 수 있는 권리를 제한하는 법률을 제정할 수 없다.

대한민국의 헌법 제1조와 비교해보자. 물론 헌법 전문에 자유민주주의가 나와 있긴 하지만 자유를 따로 규정하고 있진 않다. 헌법은 그 나라 사유의 기본이라 매우 중요한데 미국 수정헌법과 대비해보면 흥미로울 것이다.

① 대한민국은 민주공화국이다.
② 대한민국의 주권은 국민에게 있고, 모든 권력은 국민으로부터 나온다.

에피소드 2: 유년의 추억

유년에 이런 일이 있었다. 소를 몰고 가서 산에다 방목하고 저녁이면 몰고 오는 것이 나의 생활이었다. 소를 방목하고 나면 별로 할 일이 없어 아이들과 공기놀이를 하거나 씨름을 한다(그래서인지 유년기를 보낸 고향 인근에서 천하장사가 나왔다). 그러다 심심하면 이웃 마을에서 온 아이들과도 씨름을 하는데, 그때 '굴바위'라는 동네에서 온 아이들과 겨뤘다. 나는 '굴바위'가 바위에 굴을 파놓고 사는 동네인 줄 알았다. 그래서 기와집은 아니지만 초가집에 사는 내가 굴에 사는 아이들에게 질 수는 없다는 생각에서 기를 쓰고 이기려 한 기억이 생생하다.

그러다 학교에 입학하니 마침 쿠데타로 정권을 잡은 군사정부가 국시(국가 시책)인 반공을 교육하는 방안으로 '모의 간첩'을 신고하는 캠페인을 벌이고 있었다. 교장선생님이 월요 조례에서 모의 간첩은 아침에 산에서 내려와 신발과 옷에 이슬이 묻어 있으니 지서에 신고하라는 훈시를 하셨다. 나는 그때 이런 생각을 했다. '모의 간첩이 뭐지? 아! 모의에 사는 사람들이 간첩이구나.' 우리 동네 뒤에 '자굴산'이란 제법 높은 산이 있는데 그 산 너머에 '모의'라는 동네가 있었기 때문이다. 그래서인지는 몰라도 지척인 그 동네를 나이 50이 훌쩍 넘어서야 한번 가보았다. 간첩은 찾을 수 없고 나처럼 나이 들어가는 사람들이 살고 있었다.

유명인의 유년 이야기 하나를 더 소개한다. 일본 최초의 우주인 모리 마모루毛利衞는 인터뷰에서 "나를 우주 비행으로 이끌어준 이는 철완鐵腕 아톰"이라고 했다. 아톰은 국내에 「우주소년 아톰」이라는 제목으로 소개돼 큰 인기를 끌었던 일본 애니메이션의 주인공이다. 아톰 덕분에 과학에 관심을 갖게 됐다는 사람은 모리 씨 외에도 많다. 2014년 노벨물리학상 수상자인 나카무라 슈지中村修二 캘리포니아 대학교 교수도 어린 시절 「철완 아톰」에 나오는 오차노미즈 박사(코주부 박사)가 되고 싶어 했다고 그의 형은 회고한다.[1]

이 3개의 이야기는 상상력이 찾아드는 마음이 어린아이 같은 마음임을 말해주는데, 한 마디로 자유로움이다. 상상력과의 관계를 데카르트적 아포리즘으로 표현해본다. "나는 자유롭다, 고로 상상한다." 그렇다면 대체 자유로움이란 무엇인가?

자유로움

자유로움이 어떤 것인지 주관적으로는 말할 수 있지만 보편타당하게 그리기는 쉽지 않다. 그래서 자유를 논의하는 것으로 자유로움에 대한 논의를 대신하려 한다. 자유는 모호한 면이 있긴 해도 그나마 보편성 있게 논의되기 때문이다.

자유自由의 사전적 정의는 이렇다. '남에게 구속받거나 무엇에 얽매이지 않고 자기 마음대로 행함 또는 그러한 상태.' 이 정의에서 중요한 개념은 '남의 구속' '얽매는 무엇' '자기 마음대로' 등이다. 이에 대한 논의로 '자유로움이란 무엇인가?'라는 질문에 답하려 한다.

벌린Isaiah Berlin(1909~1997)은 '남의 구속'으로부터 자유를 '소극적 자유'라 하는데, 이때 '남'은 정치적 권력일 수도 있고 사회적 압력일 수도 있다.[2] 국민이 부여한 권한이 아니라 편법으로 정치적 권력을 행사하는 것이 '남의 구속'이다. 타자의 삶에 간섭하면서 "너 결혼 안 하니?"라고 묻는 친척들의 인사도 사실은 남의 구속에 속한다. 존 스튜어트 밀은 남의 구속으로부터 자유를 '리버티liberty'라 한다. 따라서 남을 구속하지 않음이 '자유로움'의 시작일 수 있어 자유는 '관용liberality'을 수반한다. 그런 점에서 소극적 자유는 관용이란 의미로 사용되기도 한다.

또한 벌린은 '얽매는 무엇'으로부터 자유를 '적극적 자유'라 하는데, 이것은 정신적이면서 자기주체적인 것이다. 가령, 돈 문제나 종교 문제에서 자유롭다 또는 자유롭지 못하다고 할 때 우리는 적극적 자유를 말하고 있는 것이다.

이를 '프리덤freedom'이라 한다. '자유'는 프리덤에 가까운 번역이다.

자유를 이처럼 둘로 나누면, '리버럴liberal'이 나는 어디에 속하는가 하고 고개를 내민다. 신자유주의neo-liberalism 이후 주목받기 시작한 리버럴은 리버티와 같은 어원이다('자유로운'이라는 뜻의 라틴어 'liber'에서 비롯되었다). 그래서 '남의 구속'을 받지 않는 것이란 의미는 같지만 경제적 의미가 강조되는 점이 다르다. 정부의 경제적 간섭을 배제하고 개인의 이기심에 근거한 경제 행위란 의미로 사용된다. 하지만 이는 맥락에 따라 다른 의미를 갖기 때문에 유연하게 이해해야 할 것이다.

자유의 정의에서 마지막으로 주목해야 하는 것이 '자기 마음대로'다. 자기 마음대로란 무엇인가? 원래 인간의 본성은 자유이기 때문에 그 본성에 충실한 것을 말하는가? 아니면 어떤 제도나 규율이 정한 자기 마음이 있는가? 이런 의문이 꼬리를 문다. 가령 "사람은 날 때부터 자유롭지만 어디를 가나 사슬에 묶여 있다"라는 루소Jean Jacques Rousseau(1712~1778)의 말은 인간의 본성이 자유라고 보는 것이다.[3] 그래서 루소는 묶여 있는 사회계약이 아니라 자유로운 사회계약을 강조하는데, 사회계약을 파기하자는 얘기가 아니라 새로 하자는 것이 그의 사상이다.

이와 다른 견해가 있는데 공리주의를 표방하는 벤담[Jeremy Bentham](1748~1832)이다. 그는 인간은 자연 상태에서 만인 대 만인의 투쟁이란 본능에 노출되기 때문에 사회계약으로 이를 통제하는 것이 자유라고 본다. 그는 자기 마음은 사실 제도나 규율이 정한 것이라고 하여 루소와 다른 견해를 보이는데, 프롬과 도스토옙스키도 같은 견해다.

정신분석학자인 프롬[Erich Fromm](1900~1980)은 『자유로부터의 도피』라는 책에서 자기 마음은 사실상 없음을 말한다.[4] 그는 인간이 신에게서 벗어나 이성에 근거한 자유를 갖게 되었으나 불안하여 이를 포기하고는 파시즘을 자기 마음으로 생각하여 나치 정권이 탄생했다고 설명한다. 바꾸어 말해 인간은 자유를 갖게 되었으나 불안하여 구속을 찾고 그 구속 안에서 자유로움을 느낀다는 것이다. 이는 오늘날 우리가 보이는 취향과 행동을 설명하는 탁월한 분석 논리인데, 유행을 좇는 현상, 매스컴이 말하는 대로 취미를 갖는 현상 등은 모두 자유가 내포하는 불안감에서 도피하는 행태로 볼 수 있다. 도스토옙스키[Dostoevskii](1822~1881)도 『카라마조프가의 형제들』이란 소설에서, 자유롭게 행동할 수 있는 대신 자신의 행위에 책임을 져야 한다는 강박이 도리어 부자유를 원하게 된다는 현실을 꼬집고 있다. 이처럼 '자기 마음대로'는 다양하게 논의되고 있어 딱히 어떤 것이 자기 마음이라고 말하기는 어렵다. 이 책에서는 '즐김'을 자기 마음으로 보고 '프리덤' 장에서 구체적으로 논의한다.

자유에 대한 논의는 워낙 방대하여 명료하게 말할 수가 없지만 큰 체로 걸러서(분명 오류가 있을 텐데) 간단히 정리하면, 리버티, 리버럴, 프리덤(자기 마음대로 포함) 셋으로 나눠진다. 프리덤은 다음 장으로 넘기고, 리버티와 리버럴을 우선 만나본다.

리버티

벌린이 '소극적 자유'라고 말한 '리버티'는 '정치적·사회적 자유'라고도 하는데, 권력이 정치적 권력과 사회적 권력으로 나뉘기 때문이다. 이 자유는 밀John Stuart Mill(1806~1873)이 쓴 에세이 『자유에 대하여On Liberty』, 일명 『자유론』에 잘 정리되어 있다.[5] 이 에세이는 다섯 개 장으로 되어 있는데 제1장에서는 자유를 정의하고 자유의 영역을 나누고 있다. 제2·3·4장에서는 자유를 보장하는 사회적 조건을 논하고, 제5장에서는 사례를 들어 자유를 설명한다.

먼저 제1장부터 살펴보자. 밀은 자유를 '권력으로부터 자기보호'로 정의한다. 이어 그는 자유를 '사상과 표현의 자유'

와 '행동의 자유'로 나누는데, 행동의 자유는 다시 개인의 자유와 집단의 자유로 나눈다. 개인의 자유는 행동과 취향의 자유를 말하고 집단의 자유는 단결의 자유를 말한다. 그는 행동 자유의 경계를 이렇게 말한다. "어느 경우든 타인에게 해를 끼치지 않는 한 자유다."

제2장에서는 이러한 자유를 보장하기 위해 '사상과 토론의 자유'를 논하는데, 그의 말을 들어보자.

단 한 사람만을 제외한 모든 인류가 동일한 의견이고 그 한 사람만이 반대인 어떤 의견을 갖는다고 해도, 인류에게는 그 한 사람에게 침묵을 강요할 권리가 없다. 이는 그 한 사람이 권력을 장악했을 때, 전 인류를 침묵하게 할 권리가 없는 것과 마찬가지다.

왜 그러해야 하는지에 대해 제1론, 제2론, 제3론이란 논리로 설명한다. 그가 말하는 제1론이란 '어떤 의견'이 진리고 '일반 의견'이 거짓인 경우를 말하는데, 이때는 당연히 진리를 찾아가야 하기 때문에 토론이 필요하다. 제2론은 어떤 의견이 거짓이고 일반 의견이 진리인 경우를 말하는데, 이때도 토론은 필요하다. 토론 없는 진리는 독단이기 때문이다. 제3론은 어떤 의견과 일반 의견 모두 진리인 경우를 말하는데,

이것 역시 토론은 필요하다. 결합으로 새로운 진리가 탄생할 수 있기 때문이다. 따라서 어느 경우든 '어떤 의견'을 발표할 자유를 존중해야 함을 강조하는 셈이다.

밀이 말하는 '사상과 토론의 자유'를 우리 사회에 비추어보자. 우리 사회는 타인의 사상을 제1론, 제2론, 제3론으로 살피면서 과연 토론하는가? 사상과 토론의 자유가 없으면 새로운 사상이나 사유는 존재할 수 없다. 무사유, 무사상이면 다른 나라의 사유를 모방할 수밖에 없다. 자기 사유가 아니라 타자의 사유를 따르는 사람은 노예다. 이런 점에서 우리는 노예일 수 있다. 상상력은 '사상과 토론의 자유'를 소중하게 생각하는 사람 사이에서 꽃필 수 있다. 볼테르 Voltaire(1694~1778)는 말한다. "나는 그대가 하는 말에 찬성하지는 않지만, 그대가 그렇게 말할 권리를 지켜주기 위해서라면 내 목숨이라도 기꺼이 내놓겠다."

제3장에서 밀은 '행동과 취향의 자유'를 위한 개성의 존중을 언급한다. 개성에 대해 '무엇을 하는가'와 '어떤 특징을 가진 사람인가'로 정의하고, 개성을 발전시키는 데 필요한 두 가지 조건으로 생활양식의 다양성과 반항을 든다. 획일화에서 벗어나는 것이 생활양식의 다양성, 기존에 순종하지 않는 것이 반항이다. 그는 이렇게 말한다. "순종하지 않는 것이 사회에 대한 공헌이다."

제4장에서는 개인행동의 원칙과 사회적 개입을 이야기한다. 행동에는 두 가지 원칙이 있다. 서로의 이익을 침해하지 않아야 하고, 사회와 그 구성원을 보호하기 위한 노동과 희생에서 개인은 자신의 몫을 분담해야 한다. 그렇다면 언제 사회적 개입이 필요한가? 밀은 인간 행동을 타인에게 영향을 미치는 A와 자신에게만 영향을 미치는 B로 구분한 다음, A만 도덕적·법적 간섭을 받고 B는 절대적이라고 말한다. 개인은 자기 행동의 절대적 주권자다. 따라서 그 행동이 품위가 결여되었다고 경멸할 수는 있어도 처벌할 수는 없으며, 타인의 이익을 침해하는 경우에만 처벌한다. 이처럼 밀은 경멸과 처벌을 구분한다.

제5장에서는 제4장의 원칙을 정리하고 실제 적용 사례를 다룬다. 원칙은 타인의 이해관계에 영향을 미치지 않는 한 책임질 필요가 없고, 타인에게 피해를 끼치는 경우에만 책임을 져야 한다는 것이다. 후자의 경우에는 처벌할 수 있다. 예를 들어 독약을 제조하여 스스로 사용하는 것은 처벌할 수 없지만 타인에게 이를 판매하는 경우에는 처벌된다. 매춘이나 도박도 이를 자발적으로 행하는 자는 처벌할 수 없지만, 여성을 고용하여 매춘을 시키는 업체나 도박업체는 처벌된다. 하지만 어떤 경우에도 노예 계약은 비록 그것이 자발적인 경우라도 금지된다. 자유를 포기할 자유는 인간에게 없기

때문이다.

제5장 말미에서 밀은 처벌할 수 있는 권력에 대해 논의한다. 타인에게 행사할 수 있는 어떤 권력, 즉 처벌할 수 있는 권력을 개인에게 부여하는 경우 그 권력에 대해 국가가 충분히 감독할 의무를 진다. 따라서 권력으로서의 관료제를 철저히 비판해야 한다고 강조하며, 그것의 문제점을 줄이는 방안으로 지방자치, 교육자치 등을 제시한다. 덧붙여 사법기관의 권력을 견제하는 배심재판도 거론한다. 특히 밀은 국가 개입을 규정해놓은 헌법을 중요하게 생각한다. 국가의 가치란 궁극적으로 국가를 구성하는 개인들의 가치인데 헌법은 이를 규정하고 있기 때문이다.

리버럴

어원은 리버티와 동일하지만 매우 다양한 의미로 쓰이는 것이 '리버럴'이다. 개인주의에 근거한 자유사상으로, 신자유주의 이후 주목받기 시작한 개념이다. 먼저 자유주의에 포함된 리버럴은 개인의 자유, 특히 재산의 소유 및 사용할 권리를 말하며 작은 정부 내지는 자유방임을 가리킨다. 즉 개인의 이기심에 맡겨두는 것을 자유로 본다. 다음으로 일반적

틀을 벗어나는 담론을 리버럴이라 한다. 미국에서는 테드 케네디[Edward Moore "Ted" Kennedy](1932~2009)나 폴 크루그먼[Paul Robin Krugman](1953~) 등 좌파 성향 지식인을, 프랑스에서는 게이나 레즈비언 등 기존의 성 범주를 벗어나는 사람들을 리버럴로 지칭한다. 마지막으로 '리버럴 아트[liberal arts]'라고 할 때의 리버럴은 인문, 교양 등의 의미로 사용된다.

이처럼 리버럴은 다양한 의미로 사용되지만 21세기 후반에 등장한 신자유주의에서 리버럴은 작은 정부, 개인주의 그리고 이기심을 포괄하는 의미로 쓰여 경제적 자유를 함축하는 표현이다.[6] 자기 운명은 각자에게 맡겨져 있으며 정부나 사회의 보호와 지원을 기대하지 말라는 의미로 사용된다. 신자유주의에 포함된 리버럴리즘을 이데올로기로 보고 이를 비판의 도마 위에 올리는 철학자들이 있다. 그들의 주장을 들으면 '리버럴'의 어두운 면을 짐작할 수 있다.

첫 번째가 한병철 교수가 말하는 '피로사회'다.[7] 그는 경제적 자유의 시대에는 누가 누구를 통제하거나 구속하지 않고 대신 개인에게 모든 권력이 주어짐으로써 실상은 자기가 자기를 착취하는 시대가 되었다고 한다. 자기계발서가 불티나게 팔리고 자살률이 높은 것이, 바로 자기 자신이 자기를 착취하는 시대의 산물임을 보여주는 증거다.

이어서 한병철 교수는 '투명사회'를 말한다.[8] 개인에게 모든 것이 맡겨진 상태에서 우리는 철저히 계산하여 행동한다. 개인의 성과와 기업의 성과를 계량화하는 것은 물론이거니와 심지어 고객이 제품을 구입할 때도 가성비(가격 대비 성능)란 이름으로 계산해서 구입하는 것이 투명사회다. 투명사회에서는 인간의 사유나 영혼이 숨 쉴 수 있는 공간이 없다고 그는 경고한다.

세 번째로 자유를 연구하는 박홍규 교수는 우리 사회가 직면한 여러 문제, 예를 들어 높은 자살률과 친족 살인율, 낮은 행복도 등의 원인을 자유에 대한 우리 생각의 잘못에서 찾고 있다.[9] 단적으로 말해 무엇이든 하고 싶은 것을 마음대로 할 수 있는 것, 특히 마음껏 돈을 벌고 쓰는 것이 자유라고 생각하는 경제 제일주의 때문이라는 것이다. 그래서 법정 스님의 무소유에서 그 해법을 찾으려 하는데, 이 또한 거짓이라고 본다. 무소유란 야만적 소유를 숨기기 위한 기망의 교리이지, 물질적 욕망에서 벗어난 진정한 자유가 아니라고 비판한다. 그래서 무소유보다는 절제가 물질적 자유이며, 인간관계를 회복하고 파괴된 사회를 복원하고 지구 환경도 살리는 자유가 바로 진정한 자유라고 주장한다. 이를 그는 공존을 위한 '상관자유'라고 일컫는다. 요컨대 고립이 아니라 상관이 자유라는 것인데, 이는 박애를 자유로 보는 관점이다.

이러한 여러 비판이 있지만 놓쳐서는 안 될 것이 '리버럴'

에 포함된 이기심과 개인주의다. 이기심을 부정적인 눈으로만 보아서는 곤란하다는 뜻이다. 물론 이기심에 부정적 요소가 있는 것은 사실이지만 진정한 이기심은 이타성에 가깝다는 점을 잊어서는 안 될 것이다. 타인에게 피해를 끼치지 않아야 나한테도 피해를 주지 않을 것이기 때문이다. 따라서 이기심을 죄악시하고 이타심만 강조하는 것은 자유에 대한 진정한 논의가 아니다. 한편 개인주의도 눈여겨보자. 우리 사회는 집단주의가 너무 강하다. 차라리 이 시대에는 '리버럴'에 포함된 개인주의에 주목할 필요가 있다. 그래야 상상력이 발휘될 수 있을 것이기 때문이다.

이런 마음에 상상력이 찾아든다

지금까지 논의를 바탕 삼아 상상력이 찾아드는 사회나 조직을 설계하려면 이렇게 해야 할 것이다. 첫째, 타자의 의견을 존중해야 한다. 지금처럼 내 의견을 타자에게 강요하는 사회에서는 상상력이 찾아들지 못한다. 둘째, 개성이나 취향을 존중해야 한다. 무엇을 하든 어떤 모습을 보이든 타인에게 피해를 주지 않는 한 존중돼야 한다. 셋째, 권력을 가진 정부나 집단의 지나친 월권을 경계해야 한다. 그러려면 깨어 있는 주권 의식이 필요하다. 넷째, 신자유주의가 개인에게 가하는 억압 구조를 비판하고 벗어나야 한다. 자기가 스스로를 억압하는 자기 착취 구조에서 벗어나야 한다. 끝으로 이기심과 개인주의를 인정해야 한다. 상상력은 어설픈 이타심보다 이기심에서 꽃필 수 있기 때문이다.

요약

어떤 마음에 상상력이 찾아드는지 말하고 있다. 한마디로 어린아이 같은 마음이다. 우리가 알고 있는 자유를 리버티, 리버럴, 프리덤 셋으로 나누고, 이 장에서는 리버티, 리버럴을 다뤘다. 간단히 요약해보자. 첫째, 밀의 자유론에 근거하여 리버티를 말하고 있는데 그 핵심은 토론과 사상, 개성의 자유다. 둘째, 리버럴의 문제점을 지적하면서 그래도 이기심과 개인주의를 소중히 받아들일 것을 말한다. 끝으로 리버티와 리버럴이 부족한 우리 사회의 경직성을 비판하면서 그런 경직성을 넘어설 수 있는 방안에 대해 제언한다.

프리덤

어떤 마음에 상상력이 찾아들까

상상력이 찾아드는 두 번째 마음이 구속받지 않는 마음인 '프리덤'이다. 프리덤이란 무엇일까? 그 답을 찾기 위해 생텍 쥐페리Saint-Exupery(1900~1944)의 말을 경청하기로 한다. 그는 『어린 왕자』에서 어린 왕자가 찾은 여섯 개 별에서 만난 어른들의 모습을 이렇게 꼬집는다.[1]

첫 번째 찾은 작은 별에서 무조건 명령만 하는 왕을 만난다(어른들은 명령을 좋아한다). 두 번째 찾은 작은 별에서 모자 쓴 사람을 만난다(어른들은 허영을 좋아한다). 세 번째 찾은 작은 별에서 술이 깨면 또 마셔서 늘 술에 취해 있는 술꾼을 만난다(어른들은 자기 행위를 합리화한다). 네 번째 찾은 작은 별에서 사업가를 만난다(어른들은 소유하기 위해 늘 바쁘다). 다섯 번째 찾은 작은 별에서 가로등 켜는 사람을 만난다(어른들은 성실히 열심히 살려한다. 그리고 쉬고 싶어 한다). 여섯 번째 찾은 작은 별에서 지리학자를 만난다(어른, 특히 지식인은 현장에 가보려 하지 않고 책상 앞에서 판단한다).

이렇게 생텍쥐페리는 나 속의 어른을 꼬집으면서 또 다른 나인 유년을 되찾는 방법으로 '여우'를 통한 '길들이기'를 이야기한다.

넌 나에게 아직은 수없이 많은 다른 아이들과 조금도 다를 바 없는 한 아이에 지나지 않아. 그래서 나는 널 별로 필요로 하지 않아. 너 역시 날 필요로 하지 않고. 나도 너에게 수없이 많은 다른 여우들과 조금도 다를 바 없는 한 마리 여우에 지나지 않지. 하지만 네가 나를 길들인다면 우리는 서로를 필요로 하게 되는 거야. 너는 내게 이 세상에서 하나밖에 없는 존재가 되는 거야. 난 네게 이 세상에서 하나밖에 없는 존재가 될 거고……

진형준 교수는 길들이기를 '관계 맺기 create the line'로 풀이한다.[2] 꽃과 사물과 타인과 관계 맺기가 바로 어른이란 감옥에서 스스로 나오는 방법이라고 본다. 시인 보들레르^{Charles Pierre} Baudelaire(1821~1867)는 천재란 의지력으로 어린 시절을 되찾은 사람이라고 말한다. '관계 맺기'를 하는 자세와 방법이 있다는 이야기인데, 그것이 바로 프리덤이고 진정한 자기 마음인 '즐김'이다. 지금부터 프리덤과 즐김을 찾아가본다.

프리덤

벌린이 '적극적 자유'라고 한, '얽매는 무엇'으로부터 자유가 '프리덤'이다. 이는 철학이나 소설에서 흔히 주제로 삼는 것으로, '자율성^{spontaneity}'이라고도 한다. 프리덤이 얽매임에서 벗어남이라고 하니 탈속하여 산속에서 혼자 살기, 지긋지긋한 직장 사표 내고 여행하기, 생을 마감하기, 분주한 만남 피하기 등 '끊음'으로 생각하기 쉬운데 그건 아니다. 미리 말해두지만 철학자나 소설가가 말하는 자유는 끊음이 아니라 일, 슬픔, 타인, 고통 등과의 '관계 재설정'을 말한다. 도피가 아니라 다가감이다. 예를 들어 프리덤데이, 즉 성인의 날은 면책이 아니라 국민으로서 권리와 의무를 갖게 되는 새로운 관계 설정의 순간이다.

또 다른 예를 들어보자. 리처드 바크^{Richard Bach}(1936~)는

『갈매기의 꿈』에서 조나단이 무리를 떠나 혼자 비행하면서 노니는 것 자체를 사유라고 말하지 않는다. 무리에서 벗어나 새로운 세상을 보고 나서 다시 무리로 돌아오는 것, 이것이 프리덤이다. 카잔차키스^{Nikos Kazantzakis}(1883~1957)는 『그리스인 조르바』에서 주인공 조르바를 통해 사업 실패라는 고통을 벗어나려고 사업을 때려치우는 것이 아니라, 실패한 경우에도 춤을 추듯 실패를 받아들이는 것이 프리덤임을 보여준다. 소설가들이 말하는 프리덤은 잠시 후 다시 살펴보기로 하고, 동양철학과 서양철학에서 말하는 프리덤을 먼저 찾아가본다.

동양철학이 말하는 프리덤

장자가 말하는 '화(化)'

동양사상은 유교·불교·도교가 중심이며, 그중 유교와 도교는 대비하여 논의된다. 유교는 윤리와 실용을 강조하는 가르침으로서 동양사상의 '양^陽'에 해당하고, 도교는 내면을 강조하는 가르침으로서 동양사상의 '음^陰'에 해당한다. 하지만 양자가 대립적인 위치에 있지는 않다.[3] 그래서 "상즉상입^{相卽相入}"이라 한다. 마주보는 사상이지만 상호 침투하고 있다는 뜻이다. 이는 도교가 유교의 문제점을 비판하는 데서 출발하기 때문이다. 유교가 내세우는 '인의예지신仁義禮智信'이라는 절대적 가치가 경직되는 것을 경계하여 나온 사상이 도교다. 그래서 도교는 절대적 가치는 영구불변이 아니라 시간 변화에 따라 바뀔 수 있음을 지적한 다. 그렇다고 상대주의는 아니다. 상대주의는 인간이 소중히 여겨야 할 가치가 상황에 따라 다르다고 보는 것으로, 편의적이라 악에 면죄부를 줄 수 있기 때문에 경계해야 한다. 심지어 히틀러의 유대인 학살조차 상대주의로 보면 합리화될 수 있다.

도교는 도가사상과 도교신앙으로 나뉘는데, 도가사상은 인간의 내면적 초월과 자유를 추구하는 사상으로 흔히 노장사상이라 하고, 도교신앙은 육체의 장생불사를 추구하는 토속신앙이다. 도가사상을 노장사상이라 하는 것은 노자老子와 장자莊子(기원전 369?~기원전 286) 두 사람이 주축을 이루고 있기 때문이다. 노자는 기원전 6세기경 공자와 동시대 사람으로 추측하며, 주로 '도와 덕'에 대해 이야기하는데 『도덕경道德經』에서 그의 사상을 볼 수 있다. 그는 『도덕경』에서 도란 절대적 가치가 아님을 흐르는 물에 비유하여 설명한다.

장자는 공자의 제자인 맹자孟子(기원전 372?~기원전 289?)와 비슷한 시기를 살았다. 전국시대 송나라 사람으로 옻나무 밭에서 일한 것으로 알려져 있다. 장자는 당대의 선불교에 지

대한 영향을 미쳤는데, 장자의 사상을 불교에 받아들인 사람이 대표적 중국 불교사상가인 임제臨濟 선사다. 그래서 불교사상과 장자의 사상은 많이 유사하다.

여기서 도가사상 전반을 살펴볼 수는 없으므로, 장자의 사상을 집약한 『장자』의 일부 내용을 인용하는 정도로 대신한다. 『장자』는 여러 판본이 전해 내려오다 북송의 곽상郭象(252?~312)이 정리하여 6만 5,000여 자 33편으로 줄여서 편집한 것이 오늘날 우리에게 전해지고 있다. 33편은 내편 7편, 외편 15편, 잡편 11편으로 구성되어 있다. 외편과 잡편은 사례를 편집한 것이라 핵심은 내편 7편이다. 1편 「소요유逍遙遊」에 이런 내용이 나와 있다.[4]

북쪽 깊은 바다에 물고기 한 마리가 사는데, 그 이름을 곤이라 한다. 그 크기가 몇천 리인지 알 수 없다. 이 물고기가 변하여 새가 되었는데, 이름을 붕이라 한다. 그 등 길이가 몇천 리인지 알 수 없다. 한번 기운을 모아 힘차게 날아오르면 날개는 하늘에 드리운 구름 같다. 이 새는 바다 기운이 움직여 물결이 흉흉해지면, 남쪽 깊은 바다로 가는데, 그 바다를 예로부터 하늘 못이라 한다.

(북명유어北溟有魚 기명위곤基名爲鯤 곤지대鯤之大 부지기기천리야不知其幾千里也 화이위조化而爲鳥 기명위붕其名爲鵬 붕지배鵬之背

부지기기천리야不知其幾千里也 노이비怒而飛 기익약수천지운其翼若

垂天之雲 시조야是鳥也 해운즉장도어남명海雲則將徒於南冥 남명자

南冥者 천지야天池也)

『장자』 전체를 통틀어 가장 중요한 말이 여기에 나오는 "화이위조化而爲鳥"의 '화'다. 곤은 작은 물고기나 그 알을 뜻하는데 이렇게 작은 물고기와 알이 여기서는 등이 얼마나 긴지 알 수 없을 정도로 엄청나게 큰 물고기로 등장하고, 그것이 또 길이가 몇천 리인지 알 수 없을 만큼 엄청나게 큰 새가되어 구만 리나 되는 하늘길에 올랐다[붕정鵬程]는 스토리로 '화'를 표현하고 있다. 장자는 이 스토리텔링으로 '화'의 두 가지 의미를 우리에게 일러준다.

첫째, 이런 엄청난 변화는 자연과 동떨어진 어떤 초자연적 힘이나 기적으로 된 것이 아니라, 바다 기운이 움직여 물결이 흉흉해지면 회오리바람을 일으켜 타고 날듯이 자연 안에서, 자연에 순응하고 거기에 힘입어 가능해진 것임을 이야기한다. 초자연이 작용한 것이 아니라 각자의 생래적 가능성이 자연과 조화하여 발현된 것이 변화라는 뜻이다.

둘째, 스토리에 나오는 알, 물고기, 붕새가 겉으로는 달라 보이지만, 본질에서는 따로 독립한 사물이 아니라 모두 동일한 것임을 이야기한다. 거대하기 그지없는 물고기나 붕새도

본래는 알이었다. 그렇게 큰 것도 조그만 알에서 나온 것이다. 우리는 모두 이런 씨알을 품고 있다. 우리 속에 있는 이런 무한한 가능성을 자각하고 이를 현실화하는 것이 중요하다는 말이다.

불교에서 말하는 '공'

불교는 종교 중에서도 좀 색다른 신비한 종교다. 하늘에서 내려온 권위주의적 절대성이 아니라 지상인 '차안此岸'에서 하늘인 '피안彼岸'으로 해탈하여 승화하는 너무나 인간적인 종교다.[5] 불교는 당나라 때 중국으로 전해져 전성기를 맞는다. 명나라 때 소설『서유기』에서 삼장법사가 불경을 찾아 서역으로 가는 고행은, 당나라 초 현장법사의 실제 사례를 역사적 배경으로 삼고 있다. 불교는 경전을 중시하는 교종과 깨침을 중시하는 선종으로 구분된다. 선종은 달마대사가 시조다. 지금도 일본에는 다리가 없는 달마대사의 상이 흔히 가게 앞에 달려 있는데, 깨침을 얻기 위해 면벽 수련을 하다 다리가 없어진 달마의 상이 복을 가져다준다고 믿기 때문이다.

불교는 신라 때 당으로부터 도입되었는데 원효라는 거인이 꽃을 피우고 중국에까지 명성을 떨쳤다. 우리나라 불교를 대표하는 조계종은 선종의 6조인 혜능慧能(638~713)의 깨침을 이어받는 법통을 말한다. 혜능이 중국 남부에 있는 조계산에 거하면서 제자를 양성했기 때문에 조계종이라 한다. 혜능의 깨침을 이해하기 위해서는 그의 도반인 신수神秀(606~706)와의 비교가 필요하다. 두 사람은 마음에 대한 접근 방식이 다른데, 신수는 항상 마음을 맑게 해야 함을 주장한다. 혜능은 이를 강박관념으로 비판하면서, 맑은 마음에 집착하면 타자가 보이지 않는다고 주장한다. 늘 방을 깨끗이 할 필요는 없으며 손님이 들 때만 깨끗하게 하면 된다는 것이다. 즉 마음의 고요 그 차제에 얽매이는 것을 경계하라는 이야기다. 우리나라 산사에서는 동안거와 하안거라는 두 기간을 두어 마음 청소를 하는 것으로 알려져 있다. 평소에는 탁발도 하고 공부도 하고 일도 하고 신도도 만나면서 사는 도리를 다히라는 뜻으로 해석하면 될 것이다.

　선종이든 교종이든 불교에서 경전은 중요한데 그 수가 무려 8만 5,000경에 달한다. 부처가 30대에 깨치고 80세 가까이 되도록 살아 많은 말을 남겨서 그런 것으로 짐작하지만 너무 많이 중복된다. 그래서 『반야심경』『금강경』『법화경』『유마경』『육조단경』 등을 중심 경전으로 꼽는다. 특히 『반야심경』에 모든 경전을 관통하는 사상이 들어 있는데 그것이 바로 '공空' 사상이다. 『반야바라밀다심경般若波羅蜜多心經』을 줄여 『반야심경』이라 하며, 262자로 구성되어 쉽게 암기할

수 있어 불자들이 많이 암송한다.[6]

관자재보살觀自在菩薩

행심반야바라밀다시行深般若 波羅蜜多時

조견오온개공照見五蘊皆空

도일체고액度一切苦厄

사리자舍利子

색불이공色不異空 공불이색空不異色

색즉시공色卽是空 공즉시색空卽是色

수상행식受想行識 역부여시亦復如是

이 중 "색불이공 공불이색 색즉시공 공즉시색"이 핵심으로 이른바 '공'사상을 단적으로 표현한 구절이다. 이 사상은 인도 불교학자 나가르주나[Nagarjuna](150?~250?)가 정리하여 오늘날까지 전해지고 있다. 그는 공을 깨달으면 진여眞如, 즉 어떤 집착이 없는 상태, 있는 그대로를 볼 수 있다고 말한다.

공사상의 첫 번째 메시지는 모든 것이 '인연'으로 생겨난 것으로 보는 것이다. 그렇다고 염세주의나 결정주의는 아니다. 차안의 삶을 눈사람으로 보는 것이 염세주의와 결정주의인데 공사상은 그걸 말하는 것이 아니다. 인연으로 태어났지만 자기동일성인 자성이 있다고 본다. 그래서 "색즉시공, 공즉시색"이라 하는데 색 속에 공이 있고 공 속에 색이 들어 있음을 말한다. 잎이 무성한 여름의 나무는 색이고 겨울에 잎이 떨어진 나목은 공이라는 것이다. 하지만 나무의 자성은 잎이 무성하든 아니든 그대로다.

공사상에서 말하는 두 번째 메시지는 '내[아我]'가 없는데 '내 것[아소我所]'이 있을 수 있을까? 하는 것이다. 이는 불교의 중심 사상인 '사성제四聖諦'의 핵심 논리다. 사성제란 '고집멸도苦集滅道'를 말하는데 이런 뜻이다. '고통은 집착에서 나오는데, 집착을 없앨 수 있는 길이 여덟 가지 도(팔정도八正道)다.'

공사상이 우리에게 말하는 핵심은 세상의 변화라는 위기 속에 기회가 들어 있다는 것이다. 위기는 공이고 색은 기회로 볼 수 있다. 지금의 호황 속에 이미 위기가 들어 있다는 뜻이다. 위기와 기회는 따로 있는 게 아니라 하나다. 또한 현재의 내 모습에 집착하지 말 것을 말한다. 진정한 나는 지금의 내가 아니라 변화 속의 나이기 때문이다.

요약하면 동양철학에서 프리덤은 '화'와 '공', 즉 인연으로 정신적 자유를 말한다. 풀어서 해석하면 자연과 손을 맞잡고 변화하는 것이 장자가 말하는 프리덤이고, 화와 복, 성공과 실패, 슬픔과 기쁨, 위기와 기회가 하나임을 깨치는 것이 불교에서 말하는 프리덤이다.

서양철학이 말하는 프리덤

니체가 말하는 프리덤

니체는 『자라투스트라는 이렇게 말했다』에서 인간이 정체성을 찾고 자아를 형성해가는 과정을 세 가지 변신으로 말하는데, 낙타의 단계, 사자의 단계, 어린아이의 단계가 그것이다.[7] 먼저 낙타의 단계다. 니체는 무거운 짐을 지고 사막을 터벅터벅 걸어가는 낙타를 현대사회를 살아가는 우리의 모습으로 비유한다. 니체가 낙타를 통해 말하는 인간 정신은 무거운 책무를 진 채 대열에서 벗어나는 것을 두려워하며 우두머리 낙타의 뒤를 따라가는 관습적 복종이다. 때가 되어 취업하고 가정을 꾸리고 아이를 낳아 기르는 우리 생활에 깃든 정신이다.

니체의 이야기가 여기서 끝났다면 그는 염세주의의 철학자로 분류되었을 것이다. 니체는 낙타의 단계에서 벗어나는 정신을 함께 말하는데 바로 사유다. 무거운 짐이 왜 무거운지, 무엇이 가장 무거운지를 사유할 때 비로소 짐에 억눌리는 노예의 상태에서 벗어날 수 있다고 말한다. "무엇이 가장 무거운 것인가? 내가 그것을 등에 짐으로써 나의 강인함을 확인하고 기뻐할 것이다." 낙타의 정신은 나에게 무거운 짐이 도대체 무엇인지 진지하게 묻고 이 짐을 감내할 수 있는지 묻는 것이다. 명예나 권력을 추종하는 것은 결코 나쁘지 않다. 이 또한 무거운 짐일 수 있기 때문이다. 문제는 왜 추종해야 하는지 묻지 않는 것의 위험이다. 묻지 않고 순종만 하는 자가 바로 노예이기 때문이다.

다음은 사자의 단계다. 이 단계의 핵심을 니체는 "네가 자유를 원하면 명령할 줄 알아야 한다"라는 명제로 정리한다. 진정한 삶을 살려면 '명령'할 줄 알아야 하고, 타인과 소통을 원하면 명령할 줄 알아야 한다. 웬 명령? 의아할 것이다. 그가 말하는 명령은 자기가 자기에게 하는 명령, 즉 자유의지를 말한다. 위대한 해방의 역사에는 아픔과 고통이 따른다. 해방은 인간을 파멸시킬 수 있는 병이기도 하다. 스스로 정의하고 스스로 가치를 정립하려는 힘과 의지가 만드는 최초의 폭발이 바로 자유의지다.

낙타는 타인이 강요한 짐을 지지만 사자는 스스로 질 수 있는 짐을 만들어낸다. 내가 나의 주인이 되는 것을 말하는데 이를 '주권적 개인'이라 한다. 자유의지를 가진 사람을 그는 주권적 개인이라 부른다. 그렇다면 자유의지는 어디서 오는가? 부정성과 타인과의 차이에서 온다. 부정성에는 이미 긍정을 포함하고 있는데, 이런 점에서 부정성은 '부정을 위한 부정'과 구분된다. 니체는 의무에 대해서조차 아니라고 말할 수 있는 것이 신성하다고 본다. 또한 다른 사람과 다른 생각을 가지고 있다는 차이 인식을 통해 비로소 자기 확인이 가능하여 사자의 생각을 하게 된다고 본다.

세 번째가 어린아이의 단계다. 타자가 지운 낙타의 짐이든 자유의지로 만든 사자의 길이든, 시간이 가고 환경이 바뀌면 끝이 있고 또 다른 허무를 맞이하게 된다. 그래서 니체는 최고의 정신 단계로 어린아이 단계를 설정한다. 어린아이의 정신적 특징은 '순수한 긍정'이다. 순수한 긍정이란 주변 상황을 있는 그대로 받아들이고 놀고 창조하는 것을 말한다. 아이들은 삶을 놀이로 받아들이고 무거운 짐으로 느끼지 않는다. 따라서 나를 나로 받아들이는 것, 있는 그대로의 나를 받아들이는 것을 뜻한다.

니체는 어린아이라는 비유를 통해 우리에게 두 가지 이야기를 들려준다. 하나는 규칙에 얽매이지 않는 삶이다. 어린아이들의 놀이에는 사회가 만든 규칙이란 것이 없다. 자기들끼리 모여 정해서 논다. 다른 하나는 과거를 기억하지 않는 것이다. 기억이란 것에 얽매이면 변화하는 환경에 적응할 수 없기 때문이다.

성철 스님의 화두에 비유하자면 "산은 산이고 물은 물이다." 이 단계가 바로 어린아이 단계인데 이 단계에 이르기 위해서는 앞의 두 단계를 거쳐야 한다. 이 질문을 곰곰이 생각하는 낙타의 단계, "산은 산이 아니고 물은 물이 아니다"라는 부정성의 단계인 사자의 단계. 그런 다음 진정한 산과 진정한 물이 무엇인지 깨치는 어린아이 단계에 이르게 된다. 이 단계에 이르면 산과 물이 무엇인지 따지지 않고 그냥 산과 물과 함께 유희한다.

아들러가 말하는 프리덤

굳이 심리학이라 하지 않고 아들러로 못 박는 것은, 그의 심리 이론이 철학에 가깝고 2014년 이후 최고의 인기를 누리고 있기 때문이다. 아들러Alfred Adler(1870~1937)는 프로이트Sigmund Freud(1856~1939)와 동시대 심리학자지만 길을 달리하여 거의 빛을 보지 못했다. 그러다가 『미움받을 용기』란 책 덕분에 빛을 보게 되었다.[8] 그의 심리학을 한마디로 말하면 '행복심리학'으로, 어떡하면 행복하게 살 수 있는지를 설파한다. 『인간관계론』『자기관리론』의 저자 데일 카네기Dale Carnegie(1888~1955), 『성공하는 사람들의 7가지 습관』의 저자 스티븐 코비Stephen Covey(1932~2012) 등이 쓴 자기계발서의 이론적 바탕이 된다.

그는 행복한 삶을 사는 방안을 크게 세 가지로 이야기한다. 첫 번째가 심리 문제를 인과론이 아닌 목적론으로 접근하는 것이다. 가령 어떤 사람이 대인기피증이 있다고 할 때, 유년기에 겪은 트라우마(정신적 손상) 때문에 그렇다고 보는 것이 프로이트의 원인론이다. 반면에 그게 아니라 타인을 만나기 싫어서 뇌가 트라우마를 만들어낸다고 보는 것이 아들러의 목적론이다. 따라서 행복은 과거 경험에 있는 것이 아니라 현재의 인간관계에 있다고 아들러는 주장한다.

두 번째가 미움받을 용기, 즉 자유로운 삶이다. 타자로부터 인정받으려는 인정 욕구를 버리는 것이 자유라고 본다. 인정 욕구는 선행이나 맡은 일을 열심히 했을 때 좋은 평가나 어떤 보상을 기대하는 심리인데, 이것에서 벗어나 자유롭게 사는 방안으로 아들러는 과제 분리를 제시한다. 타자의 과제와 자신의 과제를 분리하라는 말이다. 평가처럼 내가 하는 게 아니라 타자가 하는 것을 타자 과제라고 하고, 자기가 자신의 주인이 되는 과제를 자기 과제라 한다. 내가 옳다고 보아 행하고 거기에 대해 평가를 기대하지 않는 것이 자기 과제다. 반대로 타인의 평가를 기대하는 것이 타자 과제다. 아들러는 누구의 평가를 기대하지 말고 공동체감각을 가질 때 진정한 행복이 찾아온다고 본다. 공동체감각은 자기 인정, 타자 신뢰, 타자 공헌인데, 이 가운데 타자 공헌이 핵심이다.

행복한 삶을 사는 세 번째 방안은 인생을 선이 아니라 점의 연속으로 보는 것이다. 아리스토텔레스^Aristoteles(기원전 384~기원전 322)는 어떤 목적을 향해 가는 인생을 '키네시스

^{kinesis}'라 하고, 목적이 아니라 실현해가는 활동에 초점을 맞춘 인생을 '에네르게이아^{energeia}'라 하는데, 아들러는 에네르게이아적 인생을 행복이라고 여긴다. 산의 정상에 오르는 것이 목적인 삶이 아니라, 오르는 과정을 유희하는 삶이 행복한 인생이라는 뜻이다. 에네르게이아적 삶을 이렇게 표현할 수 있을 것이다. "어찌될지 모르는 미래에 휘둘리지 말고 지금 여기를 중시하라." "현재는 미래의 리허설이 아니라 본방이다."

소설에서 말하는 프리덤

프리덤이 무엇인지에 대한 여러 철학자들의 의견을 일일이 논하는 일은 이 책의 범위를 벗어난다. 그래서 누구나 쉬이 접할 수 있는 소설을 인용하는 것으로 대신한다. 먼저 카잔차키스가 『그리스인 조르바』에서 하는 이야기를 들어보자.[9] 크레타 출신인 카잔차키스는 호메로스를 존경하여 고대 그리스인의 자유를 주인공 조르바(실존 인물이기도 하다)를 통해 구현해 보이고자 한다. 그가 조르바를 통해 말하고자 한 것은 한마디로 하면 '메토이소노'다. 메토이소노는 '성화^{聖化}' 즉 '거룩하게 되기'인데 물리적·화학적 변화 너머에 존재하는 변화다. 비유로 설명한다.

포도가 포도즙이 되는 것은 물리적 변화고, 포도즙이 마침내 포도주가 되는 것은 화학적 변화다. 포도주가 사랑이 되고, 성체聖體가 되는 것, 이것이 바로 메토이소노다. 「그리스인 조르바」라는 영화에서 사업이 망하자 덩실덩실 춤을 추는 배우 앤서니 퀸의 모습을 기억하는 사람들은 금방 메토이소노를 이해할 것이다. 실패가 춤으로 승화된 것이다. 소설 속에서 조르바는 작가인 카잔차키스에게 이런 말을 한다.

두목, 음식을 먹고 그 음식으로 무엇을 하는지 대답해보시오. 두목의 안에서 그 음식이 무엇으로 변하는지 설명해보시오. 그러면 당신이 어떤 인간인지 일러드리리다.

카잔차키스가 조르바라는 인물을 통해 말하려 한 '메토이소노'가 자유임을 그가 생전에 마련해놓은 묘비명이 알려준다.

나는 아무것도 바라지 않는다.
나는 아무것도 두려워하지 않는다.
나는 자유다.

다음은 리처드 바크가 조나단이란 갈매기를 통해 우리에게 말을 거는 『갈매기의 꿈』이다.[10] 바크가 그리는 조나단은 실제의 갈매기가 아닌 관념으로서의 갈매기인데 바로 자유를 상징한다. 자유는 모든 존재의 본질이라는 것, 그 자유를 구속하는 것은 무엇이든(그것이 종교적인 의식이든 미신이든 어떤 형태의 제약이든) 깨부수어야 함을 조나단을 통해 말하고 있다. "갈매기 떼의 단 하나의 진정한 법은 자유로 인도하는 법이다. 그 밖의 다른 어떤 법도 존재하지 않는다."

바크는 자유를 부정성에서 찾고 있으며 심지어 초월의 영역까지도 자유에 포함시키고 있는데, 다음은 그가 말하는 부정성이다.

대부분의 갈매기들은 비상의 가장 단순한 사실, 곧 먹이를 찾아 해변으로부터 떠났다가 다시 돌아오는 방법 이상의 것을 배우는 것에는 신경 쓰지 않았다. 대부분의 갈매기들이 중요하게 생각하는 것은 나는 것이 아니라 먹는 것이었다. 하지만 조나단에게는 먹는 것이 아니라 나는 것이 더 중요했다. 그 무엇보다도 조나단 리빙스턴 시걸은 나는 것을 사랑했다.

그는 초월성을 이렇게 묘사하고 있다.

한때 그가 갈매기 전체를 위해 소망했던 것을 이제 그는 그 자신만을 위해 획득했다. 그는 나는 법을 배웠고, 그것을 위해 자신이 치러야 했던 대가를 조금도 후회하지 않았다. 조나단 시걸은 지루함과 두려움과 분노가 갈매기의 삶을 그토록 짧게 만드는 원인이라는 것을 깨달았다. 그리하여 그것들을 자신의 생각에서 사라지게 함으로써 길고 훌륭한 삶을 살았다.

즐김의 프리덤

지금까지 논의한 프리덤이 '~로부터 자유'라면 '~를 향한 자유'도 프리덤이다. 이를 '자기 마음대로'라고 앞에서 말했다. 하지만 자기 마음이란 사실상 없거나 조작된 것이란 비판도 했다. 그렇다고 자기 마음이 없을 수 없는데 인간이 가장 소중하게 생각하는 자기 마음이 '즐김play'이다.[11] 즐김은 프리덤의 또 다른 면으로 '낙樂'이다. 공자의 말씀부터 경청하고 즐김을 찾아간다. 공자는 배우고 익히는 일이 인생 최고의 즐거움이며, 지식을 알려는 노력이나 좋아하는 태도보다 더 중요한 것이 즐김이라고 말하고 있다.[12]

배우고 때로 익히면 즐겁지 아니한가!
(학이시습지불역열호學而時習之不亦說乎!)

아는 것은 좋아하는 것만 못하고, 좋아하는 것은 즐기는 것만 못하다!

(지지자知之者, 불여호지자不如好之者, 호지자好之者, 불여락지자不如
樂之者!)

대체 즐김은 무엇인가? 무엇을 얻거나 되기 위한 공부는
즐김이 아니다. 단지 좋아서 하는 것도 진정한 즐김이 아니
다. 일과 내가 하나 되어 춤을 추는 것이 즐김이다. 아이들
이 장소와 대상을 가리지 않고 같이 어울려 놀고 떠드는 것
이 바로 즐김이다. 해변에서 모래성을 쌓았다 부수고 또 쌓
는 아이들의 모습이 바로 즐김이다. 모래성을 쌓아서 칭찬을
듣거나 그것이 좋아서 하는 것이 아니라, 모래와 하나 되는
것이 즐김이다. 좋아함조차 나의 행위를 수단으로 삼는 것일
수 있어 즐김이 아니라는 뜻이다.

어린아이도 아닌데 대체 어쩌란 말인가? 하고 생각할지
모르겠다. 그 답은 바로 예술이다. 예술 행위를 하는 것에서
진정한 즐김을 엿볼 수 있다. "예술은 삶의 위대한 자극제
다." 니체가 한 말이다.[13] 그렇기에 예술은 삶을 계속 살아갈
수 있도록 유혹하는 존재가 되어야 한다. 삶으로의 유혹이
없는 예술은 예술이 아니다. 적어도 니체에게는 그렇다.

예술의 핵심인 유희 충동을 니체는 아폴론적 유희와 디오
니소스적 유희로 나눈다. 아폴론은 '빛의 신'으로 조형적 예
술을 가리키고, 디오니소스는 '술의 신' '와인의 신'으로 비

조형적 예술을 가리킨다. 쉽게 말해 아폴론적 유희는 미술에 가깝고 디오니소스적 유희는 음악에 가깝다. 니체는 꿈과 도취라는 은유로 아폴론적 유희(꿈)와 디오니소스적 유희(도취)를 비교한다. 또한 계절로도 비교할 수 있는데 봄의 생동감이 디오니소스적 유희라면 여름의 찬란한 햇살은 아폴론적 유희다. 하지만 둘은 별개가 아니라 '불리부잡'의 관계다. 봄이 있어야 여름이 있고 여름 속에 이듬해의 봄이 예고되어 있다. 둘의 관계는 이렇다.[14]

아폴론적 적인 것이 창조를 위한 아름다운 가상을 보게 해줌으로써 모든 인간을 '완전한 예술가'로 만들어준다면, 디오니소스적인 것의 마력 속에서는 '인간은 더 이상 예술가'가 아니라 스스로가 하나의 '예술작품'이 되어버린다. 아폴론적인 것이 창조하는 주체 의식을 강화시켜준다면 디오니소스적인 것은 스스로 창조된 작품이 되게 한다는 것이다.

덧붙여 니체는 이렇게 말한다. 아폴론적 즐김이든 디오니소스적 즐김이든 실레노스를 전제로 한다. 실레노스는 디오니소스의 스승인 동시에 시종인데 이렇게 말한 것으로 유명하다. "인생에서 최선은 태어나지 않음이고 차선은 일찍 죽는 것이다." 얼핏 들으면 대단한 염세주의지만 강한 부정성을 전제로 한 유희가 진정한 즐김임을 이야기하는 것이다. 산티아고 순례 길을 30여일 걸은 후에 찾아드는 즐김, 고행으로 도를 깨침이 바로 이것이다. 부정성이 없는 즐김은 나르시시즘적 쾌락일 뿐이다.

이런 마음에 상상력이 찾아든다

이상의 논리에 근거하여 상상력이 찾아드는 마음을 말할 수 있다. 첫째, 모든 것이 변화함을 받아들여야 한다. 나이가 들어가고 세상이 급속히 변화하는 것을 긍정적으로 생각하라는 것이다. 둘째, 화와 복은 색과 공의 관계다. 화 속에 복이 들어 있고 복 속에 화가 내포되어 있음을 생각하라는 것이다. 셋째, 니체의 사유하는 삶이다. 인생의 단계마다 사유가 수반되면 상상력이 찾아온다. 넷째, 과거나 결과에 얽매이지 말고 현재와 과정에 충실하라고 아들러는 말한다. 다섯째, 실패와 성공을 웃음으로 받아들여야 한다. 성공하면 좋지만 실패하더라도 춤을 추는 조르바를 생각하라는 것이다. 여섯째, 갈매기 조나단처럼 기존의 틀을 벗어나 새로운 것을 시도하고, 깨침을 이웃과 공유하는 정신에 상상력은 찾아든다. 끝으로 즐김을 이해하는 것이다. 즐김은 자기계발, 자아실현 등의 긍정심리학이 아니다. 진정한 즐김은 고행을 이해하고 이에 다가섬에 있음을 명심해야 할 것이다. 참고로 예술을 가까이 하면 굳이 고행하지 않더라도 작가의 고행을 통해 상상력이 자연스럽게 찾아들 수 있다.[15]

요약

프리덤은 마음의 자유를 말한다. 그래서 동양철학을 먼저 다뤘다. 관련 내용만 도려내어 인용하는 것이 미안해서 간단하게나마 동양철학의 세 기둥인 노장사상, 불교, 유교의 전체구조를 조망하고 마음의 자유를 찾아갔다. 노자는 '화이위조'라는 변화를 말하고, 반야심경은 '공사상'을, 유교는 '즐김'을 마음의 자유로 말한다. 다음으로 서양철학자로 니체의 말을 듣는다. 한마디로 사유가 자유로움이라고 하면서, 궁극으로 어린아이처럼 대상과 하나 되어 노는 것이 마음의 자유라고 한다. 끝으로 소설 『어린 왕자』 『갈매기의 꿈』 『그리스인 조르바』 등이 마음의 자유를 다양하게 그려내고 있다. 그 외 행복연구자인 아들러가 말하는 '지금 여기' 사고도 참고수준으로 다뤘다.

에로스와 자존감

어떤 마음에 상상력이 찾아들까

상상력이 찾아드는 세 번째 마음이 '에로스'다. 에로스에 상상력이 찾아듦을 보여주는 에피소드를 보자. 루터의 종교 개혁과 한국 불교의 중흥을 일으킨 봉암사 결사의 공통점은 무엇일까? 둘 다 알아야 답을 할 수 있기에 결론부터 말한 다. 원점 또는 초심에 대한 강한 자존감이다. 활력을 잃어가 는 상황에서 초심을 찾으려는 강한 자존감이 있었기에 기독 교는 새로 태어났고, 한국 불교 또한 자리를 잡게 되었다. 종 교개혁은 익히 알려져 있으므로 봉암사 결사만 짧게 소개한다. 조선 왕조 500년간 억불 정책과 일제가 들여온 왜색 불교의 여파로 전통 한국 불교는 겨우 숨만 쉬는 지경이었다.[1] 이 지경을 타개하려고 1947년 가을 경북 문경 봉암사에서 청담, 성철, 자운, 향곡 등 당대의 30~40대 선승들이 모여 '부처님 법대로 살자'라는 슬로건으로 한국 불교를 재건한 개혁 운동이다.

2017년 3월에 롯데월드타워가 완공되었다. 이는 처음부터 끝까지 신격호 회장 1인의 작품이라고 한다. 입지, 설계, 시공까지 직접 챙겨 디자인이 23번 바뀐 끝에 붓을 형상화한 지금 모양으로 확정되었다.[2] 23번의 설계 변경으로 3,000억 원의 추가 비용이 들었다고 하니 신격호 회장의 열정은 짐작하고도 남음이 있다. 신격호는 문청(문학청년)이었다. 글로 밥 먹을 생각까지 했다고 한다. 젊은 시절 그의 영혼을 사로잡은 책이 바로 괴테Johann Wolfgang von Goethe(1749~1832)의 『젊은 베르테르의 슬픔』이었다. 롯데라는 사명도 베르테르가 사랑한 연인 '샤를로테'에서 따왔다. 롯데월드타워 앞 광장에 괴테의 동상까지 세웠다. 그는 베르테르란 인물에 탐닉하여 샤를로테를 향한 베르테르의 정열처럼 일에 열정을 쏟아부었다. 신격호에겐 롯데월드타워가 샤를로테였던 셈이다. 이처럼 에로스는 인생을 타오르게 하는 힘을 갖는다.

두 사례는 인간의 자존감과 에로스가 얼마나 큰 힘을 발휘하여 새로운 콘셉트가 찾아오게 하는지를 보여준다. 자존감은 자신에 대한 사랑이고 에로스는 타자와의 관계, 즉 타자에 대한 사랑이다. 그렇다면 사랑이란 무엇일까? 지금부터 사랑을 찾아간다.

사랑

사랑이라 하면 아마 이런 것이 떠오를 것이다. 『춘향전』에서 연상되는 남녀 간의 사랑, 부모 자식 간의 사랑, 사물이나 자연에 대한 사랑, 인류에 대한 사랑, 학문이나 지식에 대한 사랑 등이다. 이들은 모두 타자에 대한 사랑으로 연정, 열정, 배려, 그리움 등을 의미한다. 그렇다면 사랑에는 타자에 대한 사랑만 있는가? 자기에 대한 사랑도 있다. 따라서 사랑은 자신이나 타자에 대한 따뜻한 느낌, 생각, 배려, 관심을 말한다.[3]

어떤 유형이든 그, 그녀, 그것이라는 3인칭에서 당신, 그대라는 2인칭으로 바뀌면 사랑이 된다. 심지어 내가 너로 지칭될 때 자기 사랑은 이루어질 수 있다. 따라서 사랑은 자신이나 상대를 2인칭으로 받아들이기다. 그렇다면 사랑과 행복은 어떻게 다른가? 사랑은 상대화가 필요하지만 행복은 자신의 생활에 대해 느끼는 감정이다. 따라서 사랑은 행복의 선행변수가 될 수 있어서 더 근원적일 수 있다. 사랑은 신분과 국경과 인종을 초월하는 엄청난 힘을 가지고 있다.

특히 기독교의 핵심이 사랑이라 우리는 사랑의 엄청난 힘을 아무런 의문 없이 믿고 있는데, 여기에 반론을 제기하는 학자들이 있다. 영국의 진화생물학자인 리처드 도킨스Clinton Richard Dawkins(1941~)가 그렇다. 그는 『이기적 유전자』에서 인간의 사회적 행동은 유전자에 종속되기 때문에, 인간 DNA 속 유전자가 자기와 비슷한 유전자들을 되도록 많이 남기기 위해 이성異性을 사랑하는 행위를 지시하는 것이지, 사랑이 존재하는 것이 아니라고 주장한다.[4] 또한 사랑은 질투를 수반하는데, 이는 DNA 전파의 방어메커니즘으로 질투가 작용하기 때문이라고 설명한다.

사랑에는 분명 진화생물학에서 말하는 남녀 간의 사랑도 있고, 기독교에서 말하는 무조건적인 사랑도 있다. 이 책에서 말하려는 사랑은 이러한 감정으로서의 사랑이 아니라 사유로서의 사랑이다. 철학자들은 사유로서의 사랑을 에로스라 부른다. 이는 타자를 향한 것과 자기를 향한 것으로 나눌 수 있는데, 후자를 자존감이라 한다. 지금부터 에로스를 살펴본다.

에로스

도덕, 진리, 정의, 아름다움에 대한 열광적인 그리움이 에로스다. 거짓을 벗어나 참됨에, 악함을 벗어나 선함에, 추함을 벗어나 아름다움에, 무지함을 벗어나 지혜로움에, 부정함을 벗어나 정의로움에, 비루함을 벗어나 용감함에 이르려는 열광적인 그리움이 플라톤[Platōn](기원전 427~기원전 347)이 말하는 에로스다.[5]

플라톤은 『향연』에서 에로스를 '사랑의 신'인 동시에 '가장 오래된 신'이면서 '가장 좋은 것의 근원이 되는 신'으로 정의하면서, 에로스를 아프로디테의 생일과 연관 지어 설명한다. 신들의 제왕인 제우스가 어느 날 지혜와 미의 여신인 딸 아프로디테를 얻는다. 제우스는 너무도 기쁜 나머지 그녀의 탄생일에 신들을 모두 초청하여 잔치를 벌인다. 이때 풍요의 신 포로스[Poros]와 빈곤의 여신 페니아[Penia]도 초대받는다. 이 잔치에서 포로스와 페니아가 눈이 맞아 낳은 자식이 바로 에로스다.

출생이 이러하기에 에로스는 풍요 속에서 빈곤을 느끼고 빈곤 속에서 풍요를 갈망하는 양면성을 갖는다. 에로스는 부족한 것을 갈망하고, 또 채우려고 하는 신이다. 따라서 에로스는 부족한 것에 대한 갈망이며 부족함을 채우려는 욕망이

다. 신과 달리 인간에게 궁극적 결핍은 유한성이다. 유한성
은 죽어야 한다는 생명 유한성과 신처럼 전지전능하지 못한
지적 유한성으로 나눌 수 있다. 생명 유한성 또는 육체적 유
한성에서 벗어나 지속성과 영원성을 추구하기 위해 이성을
찾는데, 이것이 바로 성적 에로스로 에로티시즘이라 한다.

　반면에 지적 유한성에서 벗어나려는 에로스는 진리와 지
혜에 대한 욕구로, 이것이 정신적 에로스다. 플라톤이 말하
는 에로스가 이 정신적 에로스인데, 망각한 이데아를 되찾
으려는 것으로 본다. 이데아가 육체와 결합하기 위해 이데
아 세계를 떠나면서 망각의 강물(레테 강물)을 마시고는 이데
아를 망각하게 되어 이를 되찾으려는 것이 바로 에로스라고
한다. 따라서 이렇게 말할 수 있다. 에로스는 지상 세계에서
천상 세계로 상승할 수 있는 사다리를 놓아주는 안내자다.
남녀 간의 사랑에서 육체적으로 연인을 사랑하는 것은 육체
자체가 아니라 그 속에 깃든 아름다움이란 이데아를 사랑하
는 것으로 해석할 수 있다. 대중이 아이돌 가수를 좋아하는
것은 가수 자체가 아니라 그들이 보여주는 이상형을 그리워
하기 때문이다. 따라서 에로스는 문화나 문명을 발전시키는
원동력이다.

　정신적 에로스는 남녀 간에만 존재하는 것이 아니다. 동
성 간에도 에로스는 있을 수 있다. 상대가 지닌 지적 능력과

인품이 나로 하여금 정신적 결핍을 벗어나게 하는 아름다움으로 보여 인격적 관계를 맺으려는 것도 에로스인데, 이를 '필리아philia'라 한다. 필리아는 성적 에로스가 정신적 에로스로 고양된 것이며, 성적인 것과 관계없는 결합 및 유대를 보여주는 인격적 사랑이다. 즉 동등한 권리, 동등한 자유, 동등한 인격을 지닌 자립적 주체들 간의 사랑이다. 우정이 필리아의 예다. 생텍쥐페리는 『인간의 대지』에서 이렇게 말한다.[6]

> 외부에 있는 하나의 공동 목표를 통해 형제로 맺어졌을 때 비로소 우리는 숨을 쉴 수 있다. 경험을 통해 보면 사랑한다는 것은 우리가 서로 마주보는 것이 아니라 함께 같은 방향을 바라보는 것이다. 같은 봉우리를 향해 같은 로프에 묶여 있는 경우에만 동료 의식이 있을 뿐이다.

한편 에로스와 기독교에서 말하는 '아가페'를 구분할 필요가 있다. 아가페는 타인과 절대자를 위해 자신을 희생하고 헌신하는 열정인 희생적 사랑, 헌신적 사랑을 말하는데, 기독교 이전에는 명사로 구체화되어 사용되지 않았다. 동사로 사용되던 것을 『성경』에서 명사로 사용했기 때문에 아가페는 기독교 정신을 표상하는 개념이다. 따라서 무조건적 사랑인 아가페와 구분하기 위해 에로스를 조건적 사랑이라 하기도 한다. 그렇다면 사유하는 사랑인 에로스를 실현하는 논리에는 어떤 것이 있을까? 차이와 동등성, 다가감이다.

에로스의 실현 논리

차이와 동등성

에로스는 아름다운 이상형에 대한 그리움이라서 나와 타자 간에 '차이'가 전제될 때 비로소 가능하다.[7] 결핍과 풍족, 장점과 단점 등은 양자를 비교하는 가운데서 나타나는 차이를 구체적으로 규정하는 개념들이다. 그러므로 결핍에 대한 자각은 나와 상대방 간의 차이에 대한 자각이다. 그리고 나에게 결핍된 것을 욕구하는 것은 나와 차이가 있는 요소에서 차이를 지닌 사람을 그리워하는 것이다. 차이 인식과 차이를 해소하려는 욕구가 바로 에로스의 논리가 된다.

이 경우 조심해야 할 것은 차이를 두고 한쪽이 다른 쪽보다 우월하거나 열등하다는 식의 평가를 내리는 일인데, 이는 차이가 아니라 차별이다. 차별로 향하면 인간성에 대한 동등성은 사라지고 위계질서나 계급 구분만이 존재한다. 따라서 동등성을 전제로 하지 않는 차이는 모두 차별이 되며, 폭력적일 수밖에 없다. 계급 구분을 낳고 궁극적으로 종속 관계나 상하 관계를 극단적으로 심화시키기 때문에 억압과 폭력이 수반되는 험악한 관계가 된다. 이것은 에로스가 아니다. 에로스를 가장한 폭력이다. 따라서 위계 관계에서 그리움은 에로스가 아니다. 예를 들어 상사와 부하 간의 로맨스는 에로스가 아니라는 것이다.

다가감

정신분석학자인 프롬은 『사랑의 기술』에서 이렇게 말한다.[8] 사랑이 없으면 못 견디는 것은 불안 때문이라고. 상당수 범죄자들은 사랑을 얻지 못한 사람들이다. 사랑이 없으면 자신은 물론이고 타인과 사회를 파괴하려 한다. 이때 불안은 어떤 대상에 대한 두려움, 즉 공포가 아니라 소외에 대한 두려움으로 근원적 불안이라 한다. 모태의 편안함에서 추방된 경험, 다시 말해 소외라는 무의식에서 근원적 불안이 나온다. 이 근원적 불안 때문에 인간은 하나가 되려 한다.

이러한 불안감에서 벗어나려고 군중에 휩쓸리거나 일에 몰입하는데, 그건 아니라고 프롬은 말한다. 근원적 불안을 극복하는 진정한 길은 바로 사랑이다. 프롬은 사랑이 인간성의 본질이므로 사랑이 없으면 인간성은 어디에도 존재하지 않는다고 말한다. 그러면서 그는 사랑은 기술, 즉 '다가감'이라고 한다. 누가 나에게로 와서 사랑할 수 있도록 조건을 갖추는 것이 아니라 내가 상대에게 다가가는 것, 이것이 '에로스의 실현 논리'라는 것이다. 프롬의 말을 좀 더 들어보기로 하자.

사랑은 조건이나 대상이 아니라 기술이다. 사랑은 행운만 있으면 누구나 경험하는 즐거운 감정이 아니라, 올바로 알고 배워야만 얻어지는 기술이다. 사랑에 대한 인식에 중대한 오류가 있다. 사랑을 사랑할 수 있는 능력의 문제로 생각하지 않고 사랑받는 문제로 생각한다. 그래서 남성은 권력과 돈을 추구하고, 여성은 몸 가꾸기를 하고, 다들 유쾌한 대화술이나 처신 등에 신경을 쓴다.

하지만 사랑은 받는 것이 아니라 하는 것, 즉 다가감이다. 따라서 능력의 문제다. 줄 수 있는 능력의 문제다. 사랑은 행위이지 소유가 아니다. 소유에는 대상은 없고 자기 것만 있다. 사랑은 대상을 갖는다. "나는 사랑하기 때문에 그대가 필요하다"라고 말하는 것이 에로스다. 사랑의 대상은 어디에나 있다. 능력이 커질수록 그 대상이 확장된다. 심지어 자기까지도 포함한다. 에로스의 실현 논리는 다가감이다. 다가감을 한마디로 표현하면 이렇다. "상대를 안은 내가 안긴 나를 만든다."

어떤 사회에서 에로스가 꽃필 수 있을까

답은 접힌 부분을 인정하는 사회다. 철학자인 한병철 교수는 접힘이 없는 사회를 '투명사회' 또는 '긍정사회'라면서 이렇게 말한다. 시각의 빈틈이 없는 사랑은 포르노고 지식의 빈틈이 없는 사유는 계산으로 전락한다고. 접힘이 빈틈인데 '부정성'과 '드러나지 않음'으로 나눌 수 있다. "좋아요!"를 연호하는 것은 접힌 부분이 없는 포르노며, 모든 것 심지어 사생활까지 까발리는 것은 '드러나지 않음'이 없는 사회라고 그는 비판한다. 이에 대해 좀 더 논의하기로 한다.[10]

긍정사회는 변증법과 해석학에 대한 작별이다. 변증법의 바탕은 부정성에 있다. 헤겔은 말한다. 부정적인 것에 등을 돌리지 않고 부정적인 것을 감당하고, 그 속에서 자기를 보존하는 것이 인간 정신이라고. 이처럼 부정성은 정신의 생명에 양분을 준다. 부정성이 자기 속의 타자라 긴장을 촉발하여 정신에 활력을 준다. 그래서 헤겔은 이렇게 강조한다. "정신이 힘을 갖는 것은 오직 부정적인 것을 정면으로 응시하고 그 곁에 머무를 때뿐이다." 이러한 머무름이야말로 부정적인 것을 존재로 역전시키는 마법이다.

반면 오직 긍정적인 것 사이에서만 뛰노는 자에게는 진정한 정신이 깃들지 않는다. 부정적인 것에 머무르며 그것을 소화하기 위해서는 시간을 가져야 하는데, 가속화를 강조하는 사회는 그런 머무름을 허락하지 않는다. 부정성에 머무르기보다 긍정성 속에서 질주한다. 긍정사회는 부정적 감정도 허용하지 않는다. 그리하여 사람들은 괴로움과 고통을 대하는 법, 그러한 감정을 담아내는 그릇을 잊어버린다. 니체에 따르면 인간 영혼의 깊이, 위대함, 강인함은 바로 부정적인 것에 머무름으로써 나온다. 인간 정신은 산고의 결과다. 부정적 감정을 없애려고 끝없이 힐링을 추구하고 심지어 사랑조차 하지 않으려 하는 우리는, 과연 인간으로서 정신이 있다고 해야 하는지 모르겠다.

다음은 드러나지 않음이다. 드러남 사회를 한병철 교수는 다양한 이름으로 부르고 있다. 전시사회, 명백사회, 포르노사회, 폭로사회, 가속사회 등이다. 그는 칸트를 인용하여 자신이 하고 싶은 말을 전한다. 칸트에 따르면 상상력의 바탕은 놀이에 있다. 상상력은 확고하게 한정되지도 않고 분명한 윤곽선도 없는 놀이 공간을 전제한다. 상상력은 선명하지 않은 것, 불명확한 것을 필요로 한다. 상상력은 스스로에 대해 투명하지 않다.

기존의 세상에서 새로운 세상으로 넘어가는 가장자리엔 무언가 알 수 없는 광채가 있고 떨림이 있다. 나직한 떨림은 사물을 불명확하게 만든다. 즉 불명확성은 가장자리에서부터 시작되어 사물 전체를 비밀스러운 광채로 감싸는 것이다.

신성한 것은 투명하지 않다. 오히려 신성한 것은 비밀스러운 흐릿함을 특징으로 한다. 또한 평화롭지도 않다.

요약하면 이렇다. '에로스'는 우리 사회처럼 긍정성만 받아들이는 사회, 흐릿함을 참지 못하는 사회에서는 이루기 어렵다. 부정성 속에 긍정성이 들어 있고 흐릿함 또는 드러나지 않음 속에 드러남이 들어 있다. 기존의 길에서 새로운 길로 옮겨가기 위해서는 부정성과 드러나지 않음을 인정하는 접힌 사회가 필요하다.

자기에 대한 사랑인 자존감

자기에 대한 사랑인 '자기애'에는 두 가지가 있는데, 타자를 배척하는 나르시시즘과 자기 안에 타자를 받아들이는 '자존감dignity'이다.[11] 나르시시즘은 자기집착으로 타자의 비판이나 입장을 고려하지 않지만 자존감은 다르다. 자존감은 자기에 대한 에로스로, 나르시시즘에서 벗어난 타자를 향한 환대다. 타자의 시선, 말, 감정, 사상까지 내 속에서 품을 수 있는 것을 말한다. 자존감이란 자기인정이며 자기가 자신을 품는 것을 말한다. 이는 자기실현, 자기계발과 혼돈되고 있어 차이부터 분명히 해두어야 한다. 우리는 흔히 이런 말을 듣는다. "뭘 해도 좋으니 당신 안에 꿈틀대는 욕망에 충실해라." 이것이 바로 우리가 알고 있는 자기실현이다. 꿈틀대는 욕망이 진정한 자기 욕망이라는 전제에서 이 말은 맞을 수 있지만, 만약 그 욕망이 타자가 나에게 알게 모르게 강요한 것이라면 얘기는 다르다. 이럴 경우 자아실현이란 결국 타자가 바라는 대로 따르는 것을 말하기 때문이다.

한편 자기계발은 이렇게 또는 저렇게 해야 한다는 성공의 모범답안으로 계몽주의적 접근이다. 스티븐 코비의 『성공하는 사람들의 7가지 습관』이나[12] 론다 번$^{Rhonda Byrne}$(1951~)의 『시크릿』에서 행복, 부, 건강의 비밀로 말하는 단 세 마디인 '생각이 현실이 된다'는 긍정적 사고 등이 대표적이다.[13] 론다 번이 말하는 인생의 비밀은 다소 낭만적이지만 결국은 계몽적이다. 이들이 내세우는 것은 일종의 프로크루스테스^{Procrustes}(그리스 신화 속의 악당)의 침대로, 몰아세움과 닦달이 특징이다.

그렇다면 진정한 자존감이란 무엇인가? 철학자들의 말을 들어보자.

먼저 키르케고르^{Kierkegaard}(1813~1855)는 말한다. 대부분의 사람들은 자기 자신에 대해서는 주관적이지만 모든 타인에 대해서는 객관적, 때로는 지나칠 정도로 객관적이다. 그렇지만 우리에게 주어진 임무는 정확히 자신에 대해서는 객관적이고 모든 타인에 대해서는 주관적이 되는 것이다. 나는 주인이고 타자는 통제할 수 있는 물건처럼 생각해서는 안 된다는 뜻이다.

또한 키르케고르는 『죽음에 이르는 병』에서 죽음이란 자기 자신에 대한 절망이라며 세 가지로 말한다. 첫째는 무지몽매한 상태. 절망하여 자기를 의식하지 못하는 경우다. 둘째는 약함의 절망인 아집이다. 그는 아집을 자신의 죽음이라고 표현한다. 셋째가 다른 사람을 따라 하는 것인데, 외부 영향에 따라 만들어진 자기를 '페르소나'라고 일컫는다. 페르소나와 자기를 구분하지 못하는 것은 완전한 자기기만이고 기묘한 전도다. 아무 희망과 욕구 없이 살아도 안 되지만 다른 사람의 욕구와 희망을 자신의 것으로 오인하고 살아서도 안 된다.

다음은 실존주의 철학자들이 말하는 자존감이다.[14] 실존주의에서는 현실의 어려움을 부조리라 하고 이 부조리에서 벗어나는 길을 자존감이라고 본다. 대표적으로 니체는 인간으로서 피할 수 없는 부조리한 운명을 받아들이고, 그 부조리를 의지로 극복하라고 말한다. 카뮈^{Albert Camus}(1913~1960)는 『페스트』에서 부조리를 페스트에 비유하면서 피하지 말고 반항하라고 말한다. 그가 말하는 반항은 내가 할 수 있는 것을 하는 것이다. 하이데거는 인간 부조리를 죽음으로 보고 죽음을 피하지 말고 오히려 축복으로 생각하라고 말한다. 그는 자존감을 '기획투사'라고 표현하는데 1, 2년 후에 죽는다고 생각하고 오늘 행위를 선택하는 것을 가리킨다.

세 번째로 행복심리학자인 아들러의 주장을 들어보자. 자신을 받아들이는 마음 공간, 즉 자기수용이 필요하다. 밖으로 나가는 문의 손잡이는 언제나 안에 있다. 이는 자신에 대한 자부심을, 단독자로서의 자신을 찾으라는 것이다. 집착하는 마음에서 벗어나라는 것으로 긍정적 포기를 말한다. 포기할 것은 하고 할 수 있는 것에 집중하라는, 잘하려 하지 말고 그냥 하라는 뜻이다. 이것은 일종의 평상심이다.

네 번째가 영혼 있는 삶이다. 영혼이란 신과 만나는 장소이자 인간이 신의 진리를 알 수 있는 곳이다. 자기 자신 및 신과 관계를 맺는 것을 말한다. 한 손은 나, 한 손은 신이다. 결국 절대적 가치, 보편적 가치, 인간적 가치를 받아들이라는 것이다.

철학자들이 말하는 자존감은 다소 추상적이지만 자아실현이나 자기계발의 지침처럼 계몽적이지는 않다. 타자가 씌운 껍질을 벗고 진정한 자기 마음에 도달하는 길을 여러 가지로 제시하고 있다.

이런 마음에 상상력이 찾아든다

이상의 논리를 바탕으로 상상력이 찾아드는 마음을 말하면 다음과 같다. 먼저, 에로스에 대한 우리 사회의 오해를 없애야 한다. 에로스를 에로티시즘으로 이해하여 외면하는 것이 우리의 인식이다. 에로스는 감각적 에로스와 정신적 에로스로 나뉘는데, 철학자나 그리스신화가 강조하는 것은 정신적 에로스다. 타자가 갖는 숭고함이나 아름다움을 그리워하는 것이 정신적 에로스임을 이해하여, 오해에서 벗어나야 할 것이다. 다음은 에로스의 실현 논리를 이해해야 한다. 타자를 차별의 눈길로 보아서는 안 된다. 모두가 소중한 인격체라는, 다름의 시선으로 볼 때 비로소 에로스는 시작된다. 우리 사회는 매사에 등수를 매기는 차등 의식이 지배하고 있는데 이런 마음에는 상상력이 찾아들 수가 없다. 다름 또는 차이로 타자를 인식해야 한다. 세 번째로 다가감이다. 누가 나에게 다가오기를 기다리지 말고 타자에게 다가가라는 말이다. 우리 사회는 지나치게 조건 갖추기에 신경을 쓴다. 에로스는 조건이 아니라 다가감이다. 내가 상대에게 말을 걸고 마음을 열면 상상력은 찾아들 것이다. 끝으로 자기사랑인 자존감이다. 이는 자기 마음에 충실한 것을 말하는데 우리 사회에서 자기 마음은 대개 타자에 의해 조작된 것이다. 무엇을 위해서가 아니라 그냥 자기를 받아들여야 한다. 결국 타자에 대한 사랑과 자기에 대한 사랑이 있는 사람에게 상상력이 찾아든다는 것, 이것이 결론이다.

요약

이 장은 에로스와 자존감에 상상력이 찾아듦을 말하고 있다. 첫째, 오염된 에로스를 세탁하려 에로티시즘, 아가페 등과 구분하여 정신적 에로스를 한정한다. 둘째, 에로스의 실현논리로 차이와 동등성, 다가감을 말한다. 차별과 차이를 구분하고 친구처럼 동등성을 강조하고 있으며 누가 나에게 다가오기를 바라며 조건에 집착하지 않고 마음을 열고 다가감을 말한다. 셋째, 자기에 대한 에로스인 자존감을 나르시시즘과 구분하고 오염된 자존감을 세척하기 위한 자기실현, 자기계발과는 다름을 말한다. 끝으로 키에르케고르를 비롯한 실존주의 철학자들의 말을 빌려 진정한 자존감을 말한다.

의문하기

어떤 마음에 상상력이 찾아들까

상상력이 찾아드는 네 번째 마음은 의문하는 마음이다. 우선 사례부터 보자. 125년 역사를 자랑하는 카네기홀의 예술감독을 2005년부터 맡고 있는 클라이브 길린슨Clive Gillinson의 스토리가 신문에 소개되었다.[1] 그는 이미 영국을 대표하는 런던 심포니 오케스트라의 단장직을 21년간이나 맡아 재정 상태를 정상으로 돌린 장본인으로 유명하다. 새 레퍼토리가 없으면 관객은 떠난다는 그에게 기자가 새로운 아이디어를 떠올릴 수 있는 노하우를 묻자, 그는 이렇게 답했다. "끊임없이 의문하는 것이죠. 정기적으로 내가 하는 의문들입니다. '카네기홀을 성공적으로 이끄는 동력은 무엇일까, 사람들은 이곳에서 진정으로 일하고 싶어 할까, 카네기홀은 최고의 운영이사들이 관여하고 싶어 하는 조직일까, 세계 최고 실력의 연주자들은 카네기홀에서 연주하고 싶어 할까, 홀의 기획프로그램에 대한 평가는 긍정적인가, 후원자들은 우리를 지원하고 싶어 할까, 티켓 판매는 잘되고 있나?' 한 달에 한 번이든 6개월에 한 번이든 같은 질문을 던지더라도 이렇게 그동안 쌓인 지식을 점검하다 보면 새로운 아이디어가 떠오르죠. 그리고 그 안에서 새로운 질문도 함께 던질 수 있게 됩니다." 대체 의문하기란 무엇일까?

의문하기

세상은 다음 장의 그림처럼 애매하다. 어떤 눈으로 보는지에 따라 이미지는 달리 보인다. 토끼로 볼 수도 있고 누워 있는 오리로 볼 수도 있는데, 아마 대부분의 사람들이 먹거리가 풍성한 풀밭에서 행복하게 풀을 뜯는 토끼를 연상할 것이다. 이유는 왼쪽에서부터 먼저 보기 때문이다. 여기에 바로 나의 눈, 즉 프레임의 허점이 있다. 따라서 내가 알

고 있고 내가 믿고 있는 것이 진리인지를 의문할 필요가 있다. 의문하지 않는 것은 위험하다. 카뮈는 『페스트』에서 이렇게 말한다. "자신이 절대적으로 옳다고 믿는 것이 종말의 시작이다."[2]

'reflective question'을 하는 사람일수록 상상력이 높다. 이유는 의문하기는 자기 인식의 감옥에서 벗어나는 길이기 때문이다. 내가 지금까지 알고 있는 것, 하고 있는 것, 해온 것이 진리인지 따져 묻는 것이 '의문하기'다. 그리고 새로운 사유를 경청하기다. 그래서 의문하기는 '사고의 사고thinking of thinking' '메타사고meta-thinking'로 표기할 수 있다.

의문하기의 중요성을 처음으로 말한 이는 소크라테스Socrates(기원전 470~기원전 399)다. 그는 "너 자신을 알라"고 소피스트들을 질타했다. 소피스트들이 진리에 접근하려 하지 않고 말장난만 하고 있다고 보아 훈계하기 위해 타인의 입장에 서서 내가 알고 있는 것을 의심해보라고 말한 것이다. 흔히 '겸손하라'는 뜻으로 이해하는 사람도 있는데, 자신이 알고 있는 것을 지나치게 확신하지 말라는 의미로 해석하면 그럴 수도 있을 것이다. 하지만 우리는 내가 믿고 따르는 성공의 방식, 내가 경험한 것이 진정 진리인지 의심해보라는 의미로 받아들여야 할 것이다.

의문하기는 내가 닫고 있는 문을 여는 것이다. 따라서 의문하기를 제대로 하려면 먼저 어떤 문이 닫혀 있는지를 알고 그런 연후에 문을 열려고 노력해야 한다. 대체로 편견과 선입견, 이데올로기, 패러다임이라는 세 가지 문이 우리의 인식을 가둔다. 그래서 이들을 먼저 이해할 필요가 있다.

닫힌 문 알기

편견과 선입견

편견과 선입견에서 벗어난 열린 마음이 상상력이 찾아들게 하는 마음이다. 그래서인지 편견과 선입견에서 벗어나야 한다고 우리는 귀가 따갑게 들어왔다. 편견과 선입견을 잘 정리한 철학자는 영국 사상을 대표하는 베이컨^{Francis}

Bacon(1561~1626)이다. 베이컨의 철학을 우리는 경험주의라 부르는데, 경험으로 진리에 접근할 수 있다는 뜻이다. 경험으로 진리를 찾아갈 때 가장 조심해야 할 것이 편견과 선입견으로, 베이컨은 이를 '우상'이라고 일컫는다. 그가 말하는 네 가지 우상을 알아본다.[3]

먼저 '종족의 우상'이다. 이는 인간이라는 종족이 갖는 편견이나 선입견을 가리킨다. 인간의 정신은 표면이 고르지 못한 거울과 같아서 사물을 본모습대로 비추는 것이 아니라 왜곡하고 변형시킨다는 것이다. 인간은 무지개를 일곱 가지 색상으로 알고 있지만 다른 동물들은 적외선이나 자외선을 볼 수 있다. 이렇듯 내가 본 것이 옳다고 주장하지만 사실 나는 극히 일부밖에 보지 못하고 있다. 이러한 인간으로서 갖는 인식능력의 한계를 지적한 것이 종족의 우상이다.

두 번째가 '동굴의 우상'이다. 개인적으로 갖게 된 편견이나 선입견을 말한다. 사람마다 올바른 판단을 방해하는 각자의 어두운 동굴이나 밀실이 있을 수 있다. 이것은 타고난 본성이나 자라난 환경, 받은 교육, 개인적 경험 등에 따라 만들어지는데, 성공한 사람일수록 동굴의 우상이 강한 경우가 흔하다. 동굴의 우상은 나이가 들수록, 어려운 여건에서 성공한 사람일수록, 권위적인 성격을 가진 사람일수록 강할 수 있다. 따라서 비즈니스에서 성공 사례를 그대로 답습하는 것은 자칫하면 동굴의 우상에 빠질 수 있으므로 조심해야 한다.

세 번째가 '시장의 우상'이다. 이는 우리가 사용하는 언어 때문에 생기는 오류를 말한다. 인간은 언어로 소통하는데, 이 언어는 일반인의 이해 수준에 맞추어 정해진다. 어떤 말이 잘못 만들어졌을 때 인식은 실로 엄청난 방해를 받는다. 자꾸 들으면 그것이 진리가 아닐지라도 진리로 믿게 되기 때문인데, 예를 들어 학교에서 식민사관으로 기술된 역사를 공부한 세대는 그것이 진리라고 믿는다. 따라서 사람이 기호[언어]를 만들지만 기호[언어]가 사람을 가두기도 한다.

네 번째가 '극장의 우상'이다. 이는 학자들의 잘못된 학설이나 논증 때문에 생겨난 편견이나 선입견이다. 따라서 '학설의 우상'이라고 불리기도 한다. 특히 유명한 사람이 한 얘기를 의심하지 않고 믿는 경향이 있는데, 서구 학자들이 한 연구나 견해를 쉽게 받아들이는 현상이 우리에게 있음을 상기할 필요가 있다. 배척할 필요야 없지만 우상일 수 있음을 의심할 필요는 있다.

이데올로기

이데올로기라는 문이 우리 인식을 닫고 있어 상상력이 찾아오지 못할 수 있다. 헤겔은 『정신현상학』서문에서 모든 개인은 시대의 아들이고 철학은 사유로 포착된 자신의 시대일 수밖에 없다고 말한다.[4] 이는 누구든 그 사회의 사상에서 자유로울 수 없다는 뜻이다. 따라서 우리의 상상력은 이데올로기에 가로막힐 수 있다. 이데올로기라는 문을 열고 나오기 위해서는 이데올로기가 무엇인지 알아야 한다.

이데올로기에 대한 정의는 수없이 많다. 여러 학자들이 서로 다른 의미로 이 용어를 사용하기 때문에 어떤 맥락에서 이데올로기라는 용어를 사용했는지 구별하기는 쉽지 않다. 이 점을 감안하여 윌리엄스[Raymond Williams](1921~1988)는 이데올로기를 세 가지 용법으로 정리한다.[5]

용법 1: 계층 또는 집단의 신념 체계로 사용되는 경우다. 1980년대에 대학을 다닌 중년 세대와 민주화 투쟁 경험이 전혀 없는 세대 간에는 세상을 보는 눈이 다를 수 있다. 또 자수성가한 사람과 평생을 힘들게 산 사람 간에도 생각이 다를 수 있다. 이처럼 자신이나 집단, 계층이 겪은 경험에 따라 형성된 신념 체계를 지칭할 때 이데올로기라고 한다.

용법 2: 진실하거나 과학적인 지식과 대립되는 환상적인 신념으로서 허위사상 또는 허위의식의 체계를 일컫는다. 물론 용법 1과 독립된 것은 아니다. 우리가 많이 알고 있듯이 지배계급이 노동계급에 대한 지배력을 유지하기 위해 유포하는 환상을 이데올로기라고 부르는 것이 용법 2에 해당한다. 지배계급은 이데올로기를 사회 구석구석에 유포할 수 있는 주요 수단으로 피지배계급을 통제하고 있다. 수단의 철저함과 간접성으로 인해 피지배계급의 지배계급에 대한 종속관계가 '자연스럽고' 정당하다고 생각할 수밖에 없으며, 바로 이것이 피지배계급의 '허위의식'이 된다. 이데올로기 매체로는 교육제도, 정치 및 법률 체계, 매스미디어, 출판물 등이 포함된다.

용법 3: 흔히 담론으로 불리는 수사학^{rhetoric}으로서의 이데올로기다. 여기서 이데올로기는 사람들이 이슈에 대해 이해하고 그에 반응하는 방식을 프레이밍하는 명제, 개념, 용어와 표현의 상호 연결된 집합으로 정의된다. 예를 들어 전통농법을 비과학적인 농법으로, 또는 전통을 고수하는 자연농법으로 방송 프로그램에서 다룰 수 있다. 이 논조의 차이가바로 담론이고 이데올로기다. 해고 노동자를 방송에서 다룰때 생산성에 비해 고임금이라 해고된 것으로 보도할 수도 있고, 가족 부양 의무가 있는 가장의 해고로 보도할 수도 있다.

지금까지 설명한 용법은 사용 주체의 입장에서 이데올로기를 논의하는 것이다. 이에 반해 이를 받아들이는 수용자의 입장에서 이데올로기를 논의하는 접근을 '실천관점^{social practice}'이라 하는데 알튀세^{Louis Althusser}(1918~1990)와 그람시^{Antonio Gramsci}(1891~1937) 두 사람이 대표적이다. 이 두 사람은 정신분석학과 마르크시즘을 결합한 후기마르크시즘의 대표학자들이다.

마르크스에게 이데올로기는 비교적 단순한 개념이다. 즉 이데올로기란 지배계급의 사상을 사회 전체가 자연스럽고 정상적인 것으로 받아들이게 만드는 수단을 의미한다. 모든 지식은 원래 지배계급에 기초하는 것으로 지식 내에 계급적 근원이 각인되어 있기 때문에 모든 지식은 지배계급의 이익을 선호하게끔 작용한다. 따라서 노동자에게 사상은 허위의식일 수밖에 없다고 본다. 중국의 문화혁명이 바로 이런 관점에서 진행된 것이다.

이러한 마르크스 주장에 대해 알튀세는 다른 견해를 제시한다. 한 계급이 다른 계급에 부과한 사상 체계라기보다는 오히려 모든 계급이 참여하는 가운데 진행되고 전체 계급으로 확산되는 하나의 강력한 실천이라고 이데올로기를 정의한다. 이를 그는 '호응interpellation/hailing'이라고 부른다. 알튀세에게는 이 호응이 이데올로기다.[6]

모든 계급이 참여했다고 해서 더 이상 지배계급의 이익을 위해 봉사하지 않는다고 보는 것은 아니다. 이데올로기가 외부로부터 주어지는 것이 아니라 내부로부터 작용하기 때문에 마르크스가 부여했던 의미보다 더욱 강력하며 모든 계급의 사유와 삶의 방식에 깊이 각인될 수밖에 없다는 것이다. 예를 들어 하이힐은 남성이 강요한 것이 아니다. 하지만 이를 신는 여성은 남성다움을 더 강하고 능동적인 것으로, 여성다움을 더 약하고 수동적인 것으로 규정짓는 성에 대한 가부장적 의미를 재창출하고 재보급하는 데 적극적인 역할을 담당한 셈이다.

이와 비슷한 견해를 가진 이가 그람시다. 그는 이데올로기 실천과 관련하여 새로운 용어인 '헤게모니(권력)'라는 개념을 만든 이로 유명하다. 헤게모니란 사회 전체가 피지배계급 다수를 종속시키기 위해 지속적으로 합의를 획득하고 재획득하는 과정을 말한다. 그는 '저항resistance'과 '불안정성instability'을 강조하는데, 이데올로기를 사회 전체에 확산하려는 경우 계급 간에 경험이 달라 저항에 부딪치며, 설혹 헤게모니가 동의를 얻는다 하더라도 늘 불안정하기 마련이라고 한다. 따라서 저항과 불안정성을 없애는 헤게모니 전략이 바로 '상식common wisdom'의 구축이다.

만약 지배계급의 사상이 특정 계급의 편견이 아니라 상식으로 수용될 수만 있다면 지배계급의 이데올로기적 목적은 쉽게 달성될 수 있으며 이데올로기적 활동마저 은폐될 수 있다는 것이다. 예를 들어 범죄자는 처벌이나 교화가 필요한 사악하고 결함 있는 사람이라는 것이 우리 사회의 상식이다. 이 상식은 범법자들 대다수가 결손가정 출신이거나 도시빈민 출신이라는 사실을 은폐한다.

지금까지 용법과 수용자의 입장에서 이데올로기 논의를 살펴보았는데, 이를 통해 우리의 사회적 삶이 이데올로기의 통제를 받고 있음을 알 수 있다. 그렇다면 이런 굴레에서 어떻게 벗어날 수 있을까? 그람시는 『옥중수고』에서 이렇게 말한다.[7] "이성이 비관한 것을 의지로써 낙관하라." 이는 이데올로기의 감옥은 의심하여 깰 수 있으며, 그것은 자신의 의지에 달렸음을 뜻한다.

패러다임

이데올로기는 정치적 인식의 틀이지만 과학자들이 진리를 찾아가는 데도 정해진 틀 또는 판이 상상력이 찾아들기 어렵게 하는 닫힌 문이 될 수 있다. 이를 '패러다임'이라 한다. 패러다임은 과학의 변화를 설명하기 위해 쿤Thomas Kuhn(1922~1996)이 만든 개념인 '패러다임 시프트paradigm shift'에서 유래한다.[8] 예를 들어 코페르니쿠스의 지동설이 천동설을 뒤엎듯이 기존 진리의 틀이 새로운 진리의 틀로 급격히 바뀌는 현상을 일컫는다. 석유로 움직이는 자동차가 전기로 움직이는 자동차로 바뀌면 패러다임 시프트라 할 수 있을 것이다.

이처럼 패러다임이란 개념은 자연과학의 판이 바뀌는 것을 말하기 위해 만들어졌지만 요즈음은 사회과학에도 도입되어 사용된다. 예를 들어 1980년대 신자유주의 이후 경영학을 지배하는 패러다임은 '경쟁'이다. 하버드대학교의 포터Micahel Porter 교수가 『경쟁전략』이란 책을 낸 이후 경쟁은 피할 수 없는 패러다임으로 경영학계와 비즈니스업계의 인식을 지배하고 있다. 패러다임이 감옥이 될 수 있음을 일찍 직감한 오스트리아 출신의 포퍼 교수는 이 감옥에서 나오는 점진적인 방안을 제안하고 있는데 이른바 '반증주의falsification'다.[9]

그가 말하는 반증주의는 이렇다. 예를 들어 담배를 피우면 폐암에 걸린다는 것을 여러 연구를 통해 확인하여 그런 줄로 알고 있었는데, 담배를 피우지 않는 부인이 폐암에 걸리는 것에 주목하여 간접흡연이 폐암을 유발할 수 있음을 찾아냈다. 그러다가 가족 중 아무도 흡연을 하지 않는데 주부의 폐암 발생률이 높은 것에 주목하여 부엌에서 발생하는 미세먼지가 암을 유발하는 원인임을 밝혀냈다.

지금까지 의문하기의 첫 단계인 닫힌 문에 대해 알아보았다. 편견과 선입견, 이데올로기, 패러다임이 닫힌 문인데 이는 지적 나르시시즘이다. 나르시시즘은 타자의 배척임과 동시에 긍정성의 배척이다. 내가 알거나 믿는 것만 옳다고 받아들이고, 그렇지 않은 것은 배제하는 태도다. 또한 나르시시즘은 타자의 죽음이기도 하다. 신화에서 나르시스는 요정 에코의 애정이 담긴 음성에, 실로 타자의 음성이라고 해야 할 이 음성에 대답하지 않는다. 그래서 에코를 죽음에 이르게 한다.[10] 이제부터 닫힌 문을 여는 방법을 찾아 나선다.

닫힌 문 열기: 경청하기

　의문하기의 다음 단계는 타자를 '경청하기'다. 여기서 타
자란 다른 생각, 이론, 사상, 인식의 틀 등을 말한다. 경청은
수동적 행동이 아니라 특별한 능동성이 특징이다. 어떤 능동
성인지 알아보자. 경청은 선사하는 것, 주는 것, 선물이다. 경
청은 타자가 비로소 말을 시작하도록 돕는다. 경청은 타자의
말을 수동적으로 좇아가지 않는다. 경청은 말하기에 선행한
다. 경청은 타자로 하여금 비로소 말을 하게 한다. 타자가 말
을 하기 전에 이미 경청한다. 경청은 타자를 말하기로 초대
하고 타자가 다름을 드러내도록 풀어준다. 경청은 타자가 자
유롭게 말하는 공명의 공간이다. 그래서 경청은 자유로울 수
있다. 구체적으로 어떻게 경청해야 할까?[11]

　우선 소설가 엔데[Michael Ende](1929~1995)의 이야기를 들어본
뒤 구체적인 경청 방안을 살펴본다. 엔데의 소설 『모모』에서
경청의 예절을 읽어낼 수 있는데, 주인공 모모의 특징은 시
간이 많다는 것이다.[12] 모모가 넉넉히 갖고 있는 것은 시간뿐
이다. 모모의 시간은 특별한 시간인데 타자의 시간이다. 다시

말해 모모가 타인들의 말을 경청함으로써 그들에게 주는 시
간이다.

어린 모모가 누구보다 더 잘할 수 있는 것은 경청하는 것이었
다. 이것은 딱히 특별한 능력이라고 할 수 없다고 말하는 독자
들도 더러 있을 것이다. 경청하는 것은 누구나 할 수 있는 일이
니 말이다. 하지만 사실은 그렇지 않다. 진실로 경청할 줄 아는
사람은 소수에 불과하다. 게다가 모모처럼 경청할 줄 아는 사
람은 세상에 모모밖에 없다.

경청하는 법

첫째, 침묵한다. 침묵이 타인을 자유롭게 말하도록 이끈
다. 대화의 어떤 지점에 이르면 갑자기 "잠깐 여기까지, 더
이상은 안 돼!"라는 말을 듣게 된다. 그럴 때 우리가 원했던
거리낌 없는 말이 위협받는다. 중단을 외치지 않고, 어디에
도 경고판이나 경계 표시가 없는 것이 침묵이다. 침묵에서
타자는 자신을 쏟아낸다. 침묵은 친절하고 타자를 환대한다.
하지만 모든 침묵이 환대는 아니다. 방해하는 입을 버리고
온전히 귀를 기울이는 것이 환대하는 침묵이다. 타인을 경청
하는 대신 옳게 말하는지를 따지기 위해 듣고만 있는 분석
가의 침묵과는 다르다. 환대하는 경청은 자신을 비워 타인을

위한 공명 공간을 만들어내는 것이다. 이 공간은 타인을 해방시켜 자신에게 오게 한다. 경청의 침묵은 작게 들리는 숨소리도 소중하다. 이 숨소리는 타자의 말을 듣고 있을 뿐 아니라 받아들이고 있음을 확실하게 알려준다.

둘째, 판단을 보류한다. 경청의 기술은 호흡의 들숨이다. 들숨은 타자를 자신에게 편입시키는 대신 그에게 장소를 제공하고 그를 보호해준다. 경청은 자신을 비운다. 따라서 무명의 인물이 된다. 이 비어 있음이 경청의 핵심이다. 판단 보류는 지극히 다양한 것들을 받아들여 보호하는 것처럼 보이게 한다.

셋째, 타자에 대한 경청의 책임감 있는 태도는 인내다. 인내의 능동성이 경청의 준칙이다. 경청은 망설임 없이 자신을 타자에게 내맡긴다. 내맡김은 경청의 예절을 구성하는 하나의 준칙이다. 에고는 인내하지 못한다. 나르시시즘적인 에고 대신 타자에 대한 몰입, 타자에 대한 욕망이 들어서는 것이 인내다.

넷째, 타자를 향한 배려. 경청은 타자가 비로소 말을 시작하도록 돕는다. 가장 중요한 것은 미지의 사람들과도 말하는 것이다. 그러나 이때 우리는 그들이 말을 하도록 하는 상황을 만들어야 한다. 그리고 우리 자신은 그들이 말을 하도록 하는 데만 모든 관심을 집중해야 한다. 그리 하지 못하면 죽음이 시작된다. 이 죽음은 타자의 죽음이다. 나의 말, 나의 판단, 심지어 나의 열광조차 항상 타자의 무언가를 죽음으로 이끈다. 누구나 말하게 하라. 너는 말하지 말라. 너의 말은 타인으로부터 그들의 형상을 빼앗는다. 너의 열광은 그들의 윤곽을 흐리게 한다. 내가 말하면 그들은 더 이상 그들 자신을 알지 못한다.

끝으로 자기 안에서 완전한 안락함을 느끼며, 자신을 집에 가두어놓는 사람은 아무것도 경청할 수 없다. 타자가 없기 때문이다. 타자가 현존하지 않을 때 소통은 정보들의 가속화된 교환으로 전락하고 관계란 있을 수 없게 된다. SNS상에서 '좋아요'를 보면서 안락함을 느끼는 것은 진정한 경청이 아니다. '좋아요'에 안락함을 느끼는 것은 의문하기가 아니다. '좋아요'에는 연결만 있지 관계가 없기 때문이다.

이런 마음에 상상력이 찾아든다

'의문하기'를 말하고 있다. 의문하기의 핵심은 닫힌 문에 대한 질문이고 다음이 경청이다. 몇 가지 제언을 할 수 있다. 첫째, 카뮈가 『페스트』에서 말했듯이 내가 알고 있는 것이 최고라는 믿는 순간 위기는 찾아든다. 특히 경험을 통해 쌓은 지식은 위험할 수 있음을 경고한다. 실무에서 오랜 경험을 쌓은 사람들이 흔히 빠질 수 있는 위험이니 특히 유념할 필요가 있다. 둘째, 난무하지만 어설픈 이해에 바탕을 둔 이데올로기가 우리의 상상력을 옭아맨다. 이데올로기는 다양한 의미로 사용되는데 허위의식만을 우리는 이데올로기로 알고 있다. 호응·상식·신념이나 가치 체계 등도 모두 이데올로기임을 이해하면 이것이 감옥이 되는 위험을 줄일 수 있을 것이다. 셋째, 연구자의 의문하기 대상인 패러다임이다. 내가 지금 하고 있는 연구나 이론의 패러다임을 철저히 의심한 연후에 진리에 근접할 수 있다. 끝으로 의문하기는 타자의 신념·사상·패러다임을 경청하는 것으로 완성된다. 경청에도 많은 요령이 필요하다. 특히 작은 호흡으로 능동성을 보이면서 침묵하는 것이 경청의 핵심이다.

요약

이 장은 상상력이 찾아드는 마음의 마무리임과 동시에 종결을 말한다. 여기서 종결은 그 중요성을 말한다. 닫힌 문을 열기 위해서는 기존의 사유를 비판하고 새로운 사유 경청하기인 '의문하기'가 우리 사회에서 특히 중요하다. 그 이유는 세 가지다. 편견과 선입견이 유난히 심하고, 이데올로기가 사회 구석구석에 스며들어 자유로운 상상력을 가로막는다. 또한 새로운 진리 체계를 세우는 데 기존 패러다임에서 벗어난 현상을 받아들일 진정한 경청이 부족하다는 점이다. 이러한 닫힌 문을 열고 상상력이 찾아들도록 하기 위해서는 첫 번째로 어떤 문이 닫혀 있는지를 성찰할 것을, 그 다음은 새로움을 경청할 것을 말한다. 끝으로 강조하여 말해두려 한다. 의문하기는 단순한 질문하기나 의심이 아니다. 자신이 알고 있는 것에 대한 질문이고 의심이며 타자에 대한 열림이다.

제3부

비즈니스상상력
방법

시간사고

이제부터는 비즈니스상상력 방법에 대해 이야기한다. 이것은 비즈니스에서 콘셉트를 떠올리고 그려내는 구체적인 실행 과정이다. 거기에 속하는 네 가지 방법을 '사고[way of thinking]'란 이름으로 소개하려 한다. 시간사고를 앞세우고 리듬사고, 이항대립사고, 기회사고 등을 뒤이어 살펴본다. 먼저 시간사고부터 찾아간다.

시간이란 무엇인가

시간사고란 시간을 중심으로 콘셉트를 떠올리고 그려내는 의식을 말한다. 시간사고를 논의하기 전, 공기처럼 당연하여 한 번도 던져보지 않은 질문부터 시작한다. 대체 시간이란 무엇인가?

참 생뚱맞은 질문이다. 여러 사람의 답을 들어보자. 먼저 기독교 철학자인 성 아우구스티누스의 말이다.[1] "누가 과연 시간을 쉽고 간결하게 설명할 수 있을까? 우리는 시간에 관해 웬만큼 알고 있다고 생각한다. 그렇다면 시간이란 과연 무엇인가? 누군가 내게 묻지 않는다면 나는 알고 있다. 그러나 누군가에게 설명해야 한다면 난 알지 못한다." 한편 물리학자인 뉴턴은 시간은 절대적인 것이며 우주의 존재 여부와 상관없이 존재한다고 말한다. 수학자인 라이프니츠는 "시간은 단순히 여러 사건들의 순서일 뿐 실체가 있는 것은 아니다"라고 설명한다. 아인슈타인 또한 비슷하게, 시간은 사건들의 순서일 뿐 독립적인 존재가 아니라고 한다. 우리는 사건의 순서를 통해 시간을 측정한다.

종교철학자는 말이 없으니 그들이 말하는 시간은 알 수는 없고, 물리학자와 수학자의 말을 빌려 시간을 정의한다. '시간은 과거로부터 현재를 거쳐 미래로 이어지며 일어나는 사

건들의 연속체다.'

그리스어에는 시간을 나타내는 말이 '카이로스kairos'와 '크로노스cronos' 두 가지다. 전자는 인간의 주관적 시간을, 후자는 과거부터 미래로 일정 속도, 일정 방향으로 기계적으로 흐르는 연속한 시간을 가리킨다. 이렇게 정의되는 시간은 여러 가지 프레임으로 논의할 수 있는데 여기서는 '단위로서의 시간'을 중심으로 시간사고를 찾아간다.

단위로서의 시간

단위로서의 시간은 과거, 현재, 미래라는 구분이나 연도, 날짜, 시각 등 시계로 측정한 시간을 뜻한다. 전자는 관념적인 시간이고 후자는 계량적인 시간이다. 단위로서의 시간이 갖는 공통된 특징이 있는데 차이와 반복이다. 낮과 밤은 분명 다르지만 반복되고, 사계절은 다르지만 역시 반복된다. 차이와 반복은 단절과 연속으로 표현할 수도 있는데, 밤은 낮을 단절시키면서 낮과 낮을 이어주는 '의례rituals'로서의 역할도 한다. 따라서 시간은 단절의 연속체라 할 수 있다. 중고등학교를 졸업하고 대학에 들어가고 직장을 잡고 결혼을 하고 자식을 낳고 부모님을 저세상으로 보내고, 자신 또한 그 뒤를 잇는 인생을 보면 시간이 단절과 연속임을 이해할 것이다.

관념적인 시간 단위인 과거, 현재, 미래를 어떻게 구분할까? 현재를 중심으로 구분하는데 현재는 과거의 마무리이고 미래의 처음이라고 본다. 그렇다면 과거나 미래란 무엇인가? 현재가 시작되는 그 시점 이전이 과거고 미래는 현재가 끝나는 시점이다. 말장난 같지만 과거, 현재, 미래가 관념적임을 알려준다. 관념적으로 보면 현재는 없을 수 있다. 과거는 일종의 굳은 시멘트와 같아서 거기에다 대고 무엇을 할 수가 없고, 미래는 오지 않은 시간이라 신성시되지만 신의 영역이라 두렵고 설렌다. 따라서 '선물present'로서의 현재를 늘림이 인생이나 비즈니스에서 중요하다. 그 방안은 시멘트로 굳어진 과거나 신의 영역인 미래가 생명력을 가져 현재의 품 안으로 들어오게 하는 것이다. 그렇게 하는 구체적인 아이디어는 뒤에서 소개하겠다.

한편 계량적인 시간 단위는 연, 월, 일, 시, 분, 초로 구분되며 인간은 이런 시간과 긴장 관계에 있다. 인간이 시간을 관리하기도 하지만 시간이 인간을 관리하기도 하는 관계다. 그래서 시간은 자원이 되어 이를 절약하는 기술이 끝없이 발전하고 있다. 비행기, 고속열차, 인터넷 등 인류가 개발하는 거의 모든 기술이 알고 보면 시간 줄이기, 즉 스피드를 지향하고 있다. 시간은 점점 가속이 붙어 엄청난 힘을 갖고 보이지 않는 미래 속으로 달려가고, 인간은 그 힘에 휩쓸려 자신을 돌아볼 짬도 내지 못한다. 시간을 모아둔 저수지의 둑이 터져, 일의 홍수 속에 휩쓸려 허우적거리는 모습이 바로 현대인의 자화상이다.

계량적인 시간을 중심으로 하는 초 관리, 스피드 관리, 신제품 개발과 출시까지 시간 관리time to market, 제품 수명 주기 관리 등 이미 무수히 많은 논의가 있다. 그래서 여기서는 관념적인 시간을 중심으로 현재, 미래, 과거에서 비즈니스의 콘셉트를 떠올리고 그려내는 구체적인 방안을 소개하도록 한다.

현재 늘리기

밀로라도 파비치Milorad Pavic(1929~2009)의 소설『하자르 사전』에는 글자 때문에 죽은 공주 이야기가 나온다.[2] 아테 공주는 항상 잠자리에 들기 전 장님을 시켜 양쪽 눈꺼풀 위에 하나씩 글자를 써둔다. 누구든 그 글자를 읽으면 즉사하기 때문에 그것은 적으로부터 공주를 보호하기 위한 수단이다. 하루는 공주의 시종들이 공주를 기쁘게 하려고 거울 두 개를 선물했는데 빠른 거울과 느린 거울이다. 빠른 거울에는 미래가 비치고 느린 거울에는 과거가 보인다. 어느 이른 봄날 아침 공주는 잠에서 깨어 두 개의 거울에 비친 자신을 보았고, 눈 깜짝할 사이에 죽어버렸다. 눈을 감았다 뜨는 순간 자신의 눈꺼풀 위에 적힌 두 글자가 두 거울에 비쳤기 때문이다. 짧게 요약했지만 이 소설에서 말하는 요지는 현재란 '찰나'라는 것이다. 그야말로 눈 깜짝하는 사이가 현재인 것이다. 이처럼 짧은 현재를 소중하게 쓰는 방안이 '현재 늘리기'다. 어찌하면 현재가 늘어날까?

약속

먼저 '약속約束'이다. 철학자들이 죽음을 어찌 말하든 현실적으로 시간의 유한성은 엄연한 사실이다. 따라서 유한성을 극복하는 방법을 모색하는데 그것이 바로 약속이다. 약속은 타자와의 관계 속에서 만들어낸 시간이라 잘 활용하면 유한성을 극복하는 방법으로 매우 좋다. 약속이 지켜지는 사회는 사회 전체가 시간 낭비를 줄이고 생산적인 사회가 될 수 있는데 이를 '신뢰사회'라 한다. 따라서 약속을 어기는 것은 죄악이다. 타인의 소중한 시간을 갈취하기 때문이다. 그래서 대중을 상대로 헛된 약속을 하는 정치인의 허언虛言은 지탄받아 마땅하다.

약속은 특히 위기에서 향기가 짙다. 스위스 용병이 대표적인 예다. 세 가지 사례가 있다. 1527년 신성 로마 제국 황제가 바티칸을 침공했을 때 다른 나라 수비병들은 모두 도망가버렸다. 그러나 스위스 용병은 189명 중 147명이 전사하면서도 끝까지 남아 교황을 보호하며 피신시켰다. "우리는 교황청을 지킬 것을 약속했다. 그래서 지키는 것이다." 스페인군의 항복 권유에 스위스 용병들이 한 말로 전해진다. 교황도 그들에게 조국으로 돌아갈 것을 권고했지만, 이들은 충성의 서약을 깨뜨릴 수 없다는 이유로 끝까지 교황을 위해 싸우다 성 베드로 대성당 근처로 몰려오는 신성 로마 제국군에게 모두 전사한다. 이에 로마 교황청은 스위스 용병을 근위대로 삼는 전통을 세웠고, 500년이 흐른 지금도 스위스 근위대는 피에로 복장을 하고 바티칸시국을 지키고 있다. 또 프랑스혁명 때는 퇴로를 열어주며 도주하라는 시민군의 권유를 뿌리치고, 그들의 고용주인 루이 16세를 끝까지 지키다 전사했다. 제2차 세계대전 때도 히틀러가 이탈리아로 가기 위해 스위스를 점령하려 할 때, 스위스 군대는 목숨을 내놓고 저항했다. 스위스 은행과 시계 산업은 바로 이 약속을 콘셉트로 한 산업이다.

비즈니스에서 약속의 중요성을 보여주는 한 가지 예를 들어본다. (주)시몬느는 미국에서 팔리는 명품 핸드백의 30퍼센트를 ODM(생산자가 개발하여 판매자에게 제안)으로 공급하는 회사다. 이 회사는 30년 가까이 명품 브랜드의 핸드백을 공급하고 있으며 직원 대우가 국내 최고 수준으로 미국과도 견줄 정도다. 이 회사의 성공 비결은 한마디로 약속을 철저히 지키는 것이다. 바이어 처지에서는 연말 시즌에 매출의 거의 절반이 나가는데 품질이나 납기가 지켜지지 않으면 돌이킬 수 없는 타격을 받는다. 그렇기 때문에 약속을 가장 중요하게 생각한다. 따라서 어떤 경우라도 품질과 납기 약속을 지킨다고 한다. 한편 바이어는 완판되면 생산자에게 5퍼센트의 이익을 돌려주기로 약속하고 있는데 이 또한 철저히 지킨다고 한다.

재임 기간 늘리기

대통령을 비롯한 선출직이나 임명직에 재임 기간이 있듯이 성장 비즈니스, 업계 1위, 첨단기술도 재임 기간이 있다고 보는 것이 '재임사고incumbency thinking'다. 예를 들어 지금은 삼성의 스마트폰 갤럭시가 세계 1위지만 이는 일종의 재임 기간이라 할 수 있다. 바꾸어 말하면 머지않은 장래에 도전자가 나타나 그 자리를 대신 차지할 수 있다는 뜻이다. 재임 중인 브랜드를 '재임브랜드incumbent brand'라 하는데 대체로 시장점유율 1위 브랜드가 재임브랜드다.

화무십일홍花無十日紅이요 달도 차면 기울듯이 국가, 기업, 비즈니스, 제품, 브랜드 등 어떤 것도 재임사고에서 벗어나기 어렵다. 1등 업체에게 현재란 바로 재임 기간을 가리킨다. 1등의 위치를 어떻게 하면 지속적으로 끌고 갈 것인지를 고민하는 것이 재임 기간 늘리기다. 재임 기간을 늘리려면 기업이나 브랜드에 시간 향기가 나도록 해야 하는데 그 방식으로 많이 동원되는 것이 공유가치경영, 소비자의 경험을 중시하는 경험경제, 예술과 함께하는 예술경제 등이다. 간단히 소개한다.[3]

첫째, '공유가치경영'이다. 기업은 사적 가치를 추구하고 사회는 공적 가치를 추구하므로 대립적이라고 생각하던 과거의 경영 방식이 아니라 사적 가치와 공적 가치가 공유되는 가치를 새로운 경영 방식으로 도입하는 것을 말한다. 예를 들어 미국의 탐스슈즈는 일대일 프로그램으로 아프리카 어린이들에게 신발을 제공하고 있다. 미국의 홀푸드처럼 친환경 농산물이나 상품을 만들고 이를 그린 매장에서 판매하여 탄소 배출을 줄이는 것도 공유가치경영의 하나로 볼 수 있다.

둘째, '경험경제experience economy'다. 이는 파인과 길모어 교수가 본격적으로 논의하기 시작한 새로운 비즈니스 창출 콘셉트다.[4] 이들은 뒷장 그림과 같이 산물경제, 제품경제, 서비스경제에 이어 경험경제의 시대가 도래하리라고 예견한다. 이전까지 경제가 생산과 소비를 분리시킨 사고였다면 경험경

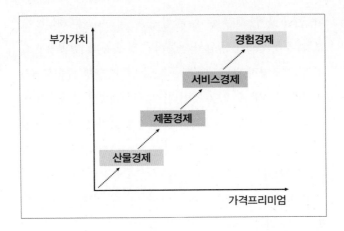

부가가치

경험경제

서비스경제

제품경제

산물경제

가격프리미엄

제는 이 둘이 결합하는 사고로 완전히 다른 접근이다. 산업
혁명 이후 분리 사고로 경제가 발전해왔다면 경험경제는 양
자를 결합하는, 그래서 무질서 내지 혼돈인 카오스를 새로운
부가가치 창출의 기회로 보는 것이다. 카오스는 산업 전반에
걸쳐 볼 수 있는데 서비스업에서 O2O(Online to Offline)라고
불리는 융복합적 비즈니스 콘셉트가 하나의 예고, 뜨거운 관
심을 받고 있는 4차 산업혁명 또한 카오스라 할 수 있다. 따
라서 재임브랜드가 재임 기간을 늘리려면 반드시 경험경제
에 눈을 돌려야 할 것이다.

셋째, '예술경제'다. 흔히들 홍대 앞이라 부르는 일대가 핫
플레이스로서 지속성을 유지하는, 즉 재임 기간을 늘려가고
이유가 무엇인지 생각해보면 예술경제를 금방 이해할 수 있

다. 인디 음악을 테마로 한 클럽 문화, 거리미술(피카소 거리), 포차, 홍대의 예술성 등이 만들어낸 것이 홍대 앞이다. 예술이 없는 압구정 로데오나 명동과 비교하면 금방 예술경제의 의미를 파악할 수 있을 것이다. 이처럼 예술이 중심이 되어 지역이 부가가치를 창출하는 것을 전문 용어로 '아트플랫폼 art platform'이라 한다.[5] 예술경제에는 아트플랫폼만 있는 게 아니라 기업이 예술 활동을 지원하는 '메세나'도 있고 패키지나 디스플레이에 예술작품을 차용하는 '아트인퓨전'도 있다. 국내 선글라스 브랜드로 명성을 얻고 있는 젠틀몬스터는 매장을 완전히 콘셉트 미술처럼 꾸며 상품을 진열하고 있어 눈길을 끈다. 상품이 예술의 일부가 되는 콘셉트로 매장을 설계하고 있다. 향후 지역 발전은 예술이나 문화를 플랫폼으로 삼고 이를 중심으로 상업이 발달하는 모양새로 갈 것이다.

미래의 현재화

재임브랜드가 현재 늘리기를 중심으로 하는 콘셉트를 개발하려 한다면 도전브랜드는 이를 뛰어넘는 콘셉트를 개발하려 할 것이다. 미래의 현재화는 바로 도전자에게 더 절실한 사고다. 미래를 현재화하는 방법으로 가장 많이 논의되는 것이 디자인사고인데 다른 책에 많이 소개되고 있어 생략하고 여기서는 꿈과 계획, 고객 관점의 혁신, 착시에서 벗어나기 등을 중심으로 미래의 현재화를 소개한다.[6]

꿈과 계획

하이데거는 이렇게 말한다. "인간은 죽음이란 숙명 앞에 던져진 존재다."[7] 그는 시골 간이역에 12시에 도착하여 오후 5시에 올 기차를 기다리는 여행객으로 인간의 삶을 비유한다. 이를 '피투성被投性, subject'이라 한다. 달리 도망치거나 그렇다고 시간을 즐길 구경거리가 없는 답답한 현실에 던져진 인간의 숙명을 말하고 있는 것이다. 하이데거는 피투성에서 벗어나 실존하는 방법으로 '기획투사'를 말한다. 앞으로 1~2년 안에 죽는다고 했을 때 지금 무엇을 할 것인지를 생각하여, 해야 할 것은 하고 하지 말 것은 안 하는 것이다. 기획투사가 바로 하이데거가 우리에게 전하는 '미래의 현재화'다.

하이데거의 논리를 비즈니스에 적용하는 데는 두 가지 문제가 있다. 기업은 인간과 달리 죽음을 전제로 사는 게 아니라 생존, 그것도 영원한 생존을 전제로 경영한다. 따라서 '피투성'이 아니라 '기투성企投性, project'의 존재로 보아야 한다. 1~2년 안에 죽음을 맞이한다고 할 경우 하지 말아야 할 것,

해야 할 것을 판단하는 기획투사는 자유로움을 전제로 할 때 가능하다. 기업은 그렇게 자유롭지 못하다. 환경의 제약도 있고 수많은 직원의 밥줄이 걸려있기 때문이다.

그래서 비즈니스에서 '미래의 현재화' 방안으로 중요시하는 것이 계획이고 꿈이다. 미래를 그려내고 미래에 가치 있는 것이 무엇인지를 정의하는 것이 '꿈dream'이다. 사회의 꿈이 유토피아라면 회사의 꿈은 비전과 미션이고 개인의 꿈은 행복한 삶이다. 꿈은 일종의 방향성으로 미래라는 시간이 날아가지 않게 한다. 그것은 미래를 현재에 묶어두고 무너지는 시간을 막는 장벽 구실을 한다. 꿈은 현재와 미래의 역동적 흐름 속에서 꾸는 것이다. 현재에 문제가 있고 이를 직시하는 것, 즉 현재의 부정성에서 미래의 꿈은 있게 된다. 현재의 부정성에서 태어난 꿈은 현재에 긴장감을 주고 현재를 행위하게 한다.

꿈만이 미래가 생명력을 갖도록 하는 것은 아니다. 계획 또한 미래를 현재화하는 시간적 실천 양식이다. 이것은 현재가 미래 속으로 이어지게 함으로써 미래를 묶어둔다. 이것이 없는 삶은 공허의 지속이다. 이것이 있는 시간은 생명력이 있어 걸어서 우리에게 다가온다.

이렇게 볼 때 회사의 비전이나 미션, 장단기 계획은 달성의 목표도 되지만 미래를 현재화하는 의미가 큼을 알 수 있다. 따라서 개인이든 회사든 정부든 꿈과 계획을 소중히 여겨야 한다. 거기에 거짓이 있어서는 안 된다는 뜻이다.

고객 관점의 혁신

하버드대학교의 시어도어 레빗[Theodore H. Levitt](1925~2006)교수는 고객 관점의 혁신을 '마케팅상상력'이란 이름으로 미래를 현재화하는 방안을 말한다.[8] 우선 그의 말에 귀를 기울여보자. 그가 이 말을 한 지도 벌써 40여 년이 흘렀지만 지금도 촌철살인의 메시지를 담고 있어 후학으로서 그의 통찰력에 고개를 숙인다. 그는 마케팅상상력이 무엇인지 딱히 정의하지는 않고 10가지 가이드라인을 제시한다.

소개하는 10가지 가이드라인을 이해하면 도전자로서 미래를 현재화하여 리더의 재임을 끝낼 수 있는 아이디어가 떠오를 것이다. 같이 그의 말을 경청해보자.

- 서비스를 산업화하라.
- 제품은 물론 마케팅 관리까지 차별화하라.
- 무형 상품은 유형화하고 유형 상품은 무형화하라.
- 관계를 관리하라.
- 마케팅 근시안에서 벗어나라.
- 제품 수명 주기를 잊어라.

- 혁신적으로 모방하라.
- 마케팅을 기업 목적으로 삼아라.
- 마케팅에는 불만이 따르기 마련이다.
- 세계시장을 겨냥하라.

"서비스를 산업화하라"는 서비스업을 제조업 비즈니스 모델처럼 운영하라는 메시지다. 햄버거나 치킨의 프랜차이즈 시스템이 좋은 예인데, 표준 메뉴를 대량으로 공장에서 생산하여 각 매장에서 서비스하는 비즈니스 모델이다. 지금은 프랜차이즈 시스템이 일반화되어 당연해 보이지만 처음에는 획기적인 콘셉트였다.

"제품은 물론 마케팅 관리까지 차별화하라"는 제품이나 서비스를 차별화하는 것은 당연하고 상상력을 마케팅 활동에까지 확장하라는 메시지다. 제주 서귀포 이중섭미술관 옆 아트상품 가게들 중 손님이 유난히 많은 점포가 있어 들렀다. 다른 가게와 예술 상품의 차이는 없어 보여 주인에게 물었더니 가격표를 붙이지 않아 손님들이 묻게 되고 그러면 작품 설명을 할 수 있어 판매가 많이 이루어진다고 한다.

"무형 상품은 유형화하고 유형 상품은 무형화하라"는 말은, 재화는 유형이기 때문에 무형성을 통해 새로운 콘셉트를 창출하고, 서비스와 같은 무형재는 유형화로 새로운 콘셉트를 창출하라는 메시지다. 생필품 패키지에 유명 작가 작품을 넣는 아트인퓨전이나 미국의 탐스슈즈처럼 한 켤레를 사면 후진국 어린이에게 한 켤레를 주는 공유가치 프로그램 등이 전자의 예다. 한편 부티크 호텔처럼 일반 호텔과 달리 호텔 건물이나 시설을 엔틱하게 꾸미거나 직원들의 유니폼 디자인을 시크하게 하게 하는 것이 후자의 예에 속한다.

"관계를 관리하라"는 애프터서비스의 중요성을 강조한 말이다. 소비자는 구매 전에는 갑이지만 구매 후에는 을이 되기 때문에 구매 후에 서비스를 잘하면 관계가 만들어질 수 있다는 메시지다. 지금은 애프터서비스가 고객 만족의 일부로 일반화되어 새로운 콘셉트가 아니지만 이 말을 처음 한 30년 전만 하더라도 뛰어난 상상이라 할 수 있었다.

"마케팅 근시안에서 벗어나라"에서 마케팅 근시안이란 정확히 말하면 제품 근시안인데 의미는 이렇다. 예를 들어 미국 철도가 수송업이 아닌 철도업으로 업 개념을 정의하여 비행기와 자동차에 주도권을 빼앗겼다는 것이다. 만약 수송업으로 보았다면 비행기에 먼저 진출하거나 더 빠른 고속철을 개발하여 고객을 빼앗기지 않았으리라는 것이다. 이는 제품이 아닌 고객 욕구로 콘셉트를 생각하라는 말이다. 예컨대 소비자는 냉장고를 사는 것이 아니라 식품의 신선함을 구입하는 것이고, 화장품을 사는 게 아니라 희망과 아름다움을 구입하는 것이다. 레빗 교수는 이처럼 고객 솔루션의 관점에서 콘셉트를 생각하는 것이 비즈니스상상력에서 가장 중요하다고 말한다.

"제품 수명 주기를 잊어라"는 것은 제품 수명 주기 상의 쇠퇴기를 잊으라는 것이다. 제품 또한 생명체라 수명 주기가 있어 쇠퇴기를 맞을 수 있겠지만, 제품이 제공하던 소비자 욕구는 존속하기 때문에 얼마든지 재성장이 가능함을 말한다. 이 말 속에 경제학에서 이야기하는 성장산업, 사양산업 등의 산업주기설에 대한 비판이 들어 있다. 콘셉트를 새로 바꾸면 다시 전성기를 맞을 수 있다. 막걸리의 재생이 그 예다.

"혁신적으로 모방하라"는 모방은 하되 다르게 모방하라는 것이다. 혁신이라고 하면 우리는 창조를 연상하는데 모방 또한 훌륭한 혁신일 수 있음을 그는 말하고 있다. 이 메시지를 잘 활용한 나라가 일본이다. 그래서 레빗 교수가 쓴 『마케팅상상력』이란 저서가 일본을 움직인 100권의 책에 선정되었다. 우리는 모방을 부끄러워하고 창조를 칭송하는데 레빗 교수는 모방을 상상력으로 추천한다. 다만 그가 뜻하는 것은 그대로 따라하는 모방이 아니라 바꾼 모방이다.

"마케팅을 기업 목적으로 삼아라"에서 말하는 것은 경영 목적도 콘셉트로 보고 목적을 '판매'에 두지 말고 '고객 만족'에 두라는 것이다. 지금은 일반화되어 판매보다 고객 만족을 중시하지만, 이 말을 할 때만 하더라도 기업이 만들고 싶은 것을 만들어 무조건 많이 파는 것이 능사였기에 획기적인 발상의 전환, 즉 상상이라 할 수 있었다. 지금도 그가 말하는 이 상상을 지키기 어려워 꾸준히 강조되고 있다.

"마케팅에는 불만이 따르기 마련이다"는 아무리 좋은 제품을 개발하더라도 불만족을 표하는 고객은 있기 마련임을 의미한다. 따라서 불만족을 부정적으로 보지 말고 불만족에서 새로운 콘셉트를 얻을 가능성을 보라는 것, 즉 불만족을 긍정적으로 생각하라는 메시지다. 누구나 만족하는 것은 사실 아무도 진정으로 만족하게 하는 게 아니라는 뜻이다. 표적시장을 잘 골라 만족시키라는 말이기도 하다.

"세계시장을 겨냥하라"는 국내시장에 머물지 말고 세계시장을 겨냥한 콘셉트가 중요함을 역설하고 있다. 지금은 당연한 얘기지만 이런 주장이 나올 때만 하더라도 국내시장이 세계시장보다 더 나은 수익 원천이었다. 일본 삿포로에서 얼지 않는 수도꼭지를 만드는 기업인은 이런 말을 했다. "우리는 도쿄보다 서울에 관심이 있다. 이유는 도쿄보다 서울의 겨울 기온이 낮기 때문이다."

착시에서 벗어나기

하버드대학교의 문영미 교수가 생각하는 마케팅상상력도 눈여겨볼 만하다. 문 교수는 '경쟁'에 주목하여 상상력을 말하고 있다. 조금씩 다른 다양한 제품이 출시되는 현상을 '제품증폭product augmentation'이라 하고 두 가지로 나눈다.[9] 기존 기능에 새로운 기능을 추가하여 신제품을 출시하는 것을 '추가증폭augmentation-by-addition'이라 하고, 시장을 극한적으로 세분화하여 마이크로 시장에다 신제품을 출시하는 것을 '승수증폭augmentation-by-multiplication'이라 한다. 추가증폭과 승수증폭의 결과 기업은 차별화한다고 생각하지만 고객의 눈에는 거의 비슷하게 보이는 '이종의 동종 현상'이 생기는데 이를 '착시'라고 한다. 그 결과 살을 깎는 경쟁이 초래된다. 문 교수는 이러한 착시에서 벗어나는 세 가지 콘셉트를 제시한다.

첫째가 '역브랜드reverse-positioned brand'다. 증폭의 반대로 가는 것을 말한다. 구글은 간편성으로 야후나 AOL을 따라잡았고, 이케아는 서비스를 줄이고 가격을 낮추어 성공한 것이 그 예다. '더'가 아니라 '덜'로 승부를 거는 것이다.

둘째는 '일탈브랜드breakaway'다. 기존의 카테고리 콘셉트를 깨는 새로운 콘셉트를 정하는 것을 말한다. 소니의 아이보 로봇은 가정용 로봇을 청소기 콘셉트에서 애완용 콘셉트로 바꾸어 성공한 예다. P&G와 치열하게 경쟁하는 킴벌리는

30개월 이상의 어린이용 팬티 겸용 기저귀, 즉 입는 기저귀란 콘셉트로 대성공을 거두었다.『푸른 바다 전략』에서 소개된 캐나다의 '태양의 서커스'도 영화, 댄스, 오페라를 서커스에 접목한 아트서커스란 콘셉트로 성공했다.

셋째는 '적대브랜드hostile brand'다. 한마디로 기존의 마케팅을 반대로 하는 것이다. 친절이 아니라 불친절, 좋아 보이는 것이 아니라 밉게 보이기 등 기존에 알고 있던 마케팅과 반대로 하는 것을 말한다. 따라서 안티마케팅이라고도 한다. 미니쿠퍼가 미국에 출시되었을 때 사람들이 작다고 하니 정말 작다고 응수한 것, 이탈리아의 베네통이 보기 싫은 이미지를 광고로 내보내고 있는 것이 그 예다.

과거의 현재화

과거를 콘셉트화하는 것도 시간사고다. 소설가 프루스트 Marcel Proust (1871~1922)는 『잃어버린 시간을 찾아서』에서 감각을 통해 과거를 찾아간다.[10] 예를 들어 프랑스 과자 마들렌의 향기를 맡으며 유년기 어머니의 기억을 떠올린다. 과거의 기억은 워낙 거짓일 수 있고 다양하여 방향성이 없다. 따라서 프루스트는 그의 소설을 통해 과거가 얼마나 단절적

이고 다면적인지를 말한다. 그에 비해 철학자 베르그송^{Henri} ^{Bergson}(1859~1941)은 과거란 주관적 시간으로 일종의 연대기라고 주장한다. 연대기란 주관적 시간의 지속성을 가리킨다. 이처럼 두 사람이 과거를 보는 관점은 다른데, 베르그송이 과거가 유장하게 굽이치는 강물과 같은 것이라면 프루스트에겐 폭포와 같은 것이다. 또 이렇게도 비교할 수 있다. 프루스트는 과거로 돌아가 과거 삶을 사는 것은 내적 체험이라 현재와 단절된다고 보지만, 베르그송은 기억으로 과거를 재생하기 때문에 현재와 과거는 연속이라고 본다.

철학자나 소설가가 그리는 과거는 '내적 체험'이거나 '기억'이라서 비즈니스에 그대로 적용하기 어렵다. 하지만 두 사람이 과거를 유장하게 흐르는 강물과 폭포로 보는 안목은 매우 의미가 크다. 베르그송의 눈으로 '과거를 콘셉트화'하는 방안이 '헤리티지^{heritage}'고 프루스트의 눈으로 '과거를 콘셉트화'하는 방안이 '리포지셔닝^{repositioning}'이다.

헤리티지

최근 들어 '부터^{since}' 마케팅을 흔하게 본다. 심지어 패스트푸드의 대명사인 맥도날드도 간판에 이 표현을 넣고 있으며 베이커리나 소주에도 이 표현이 중심에 자리하고 있다. 바야흐로 '부터'의 시대다. '부터'를 학술적으로 헤리티지라 한다. 명품의 조건에 반드시 따라붙는 것이 헤리티지다. 헤리티지는 역사성이다. 역사성은 과거와 현재를 연결하는 다리다. 헤리티지를 통해 현재의 우리는 과거와 연결되고 또 미래의 방향성을 얻게 된다.

냉면, 비빔밥, 설렁탕 등 음식에서 헤리티지를 볼 수 있는 것은 음식이 문화이기 때문이다. 문화는 과거에 생명력을 주는 콘셉트로, 지역에 생명력을 주기도 한다. 전주는 비빔밥으로, 평양과 함흥은 냉면으로 우리 곁에 바싹 다가서고 있다.

리포지셔닝

'리포지셔닝'이란 기존의 제품 콘셉트나 브랜드 콘셉트를 현재화하는 것을 말한다. 제품이나 브랜드를 없애는 것이 아니라 강물이 폭포를 만나 물줄기가 바뀌듯이 새로운 콘셉트로 바꾸는 것을 말한다. 예를 들어 설명한다.

· 먼저 보리쌀이다. 보리쌀은 춘궁기를 넘기는 대용식 정도로 생각하여 재배하지 않다가 최근에는 건강식품으로 콘셉트가 바뀌어 대중식당의 주 메뉴로 등장했다. 고속도로 휴게소에서는 보리떡이 잘 팔리고 있다. 지자체들에서는 보리를 심어 청보리 축제까지 연다. 그에 비해 쌀은 점점 소비가 줄어 골칫덩이가 되고 있으니 참 아이러니하다. 유년기에 쌀밥에 고깃국 먹을 때의 그 행복을 생각하면 격세지감이 따

로 없다. 어쩌다 쌀밥이 건강을 해치는 주범이 되어버렸을까! 새로운 콘셉트가 나타나면 또다시 쌀의 시대가 오지 말란 법은 없지만 현재로서는 쌀의 모양새가 처량하다.

한때 막걸리는 노동의 고통을 잊게 해주는 농주였다. 그러다 쌀 소비 주범이란 딱지가 붙어 밀가루 막걸리로 바뀌는 바람에 값싸고 머리 아픈 술이 되어 시장에서 사라질 뻔했다. 그러다 다시 쌀로 빚게 되고 건강이란 콘셉트로 바뀌자 옛 영화를 되찾고 있다. '느린마을 양조장'은 아예 매장에 생산 시설을 갖추고 스토리텔링을 도입하여 문화 콘셉트로 막걸리를 다시 태어나게 하고 있다.

한옥 또한 콘셉트를 바꾼 예다. 주거 공간으로서 한옥은 불편하기 그지없어 주부들이 외면하는 바람에 아파트에 밀려났다. 이런 한옥을 문화 콘셉트로 바꾸어 외국인 민박이나 부티크 호텔로 자리를 잡은 곳이 '북촌'이다.

요약

따져보면 우리가 축복의 대상이라 일컫는 현재는 순간이다. 따라서 현재를 늘리고 풍요롭게 하는 아이디어가 새로운 콘셉트가 될 수 있다. 먼저, 순간인 현재를 풍요롭게 하는 콘셉트로 타자와의 약속과 공유가치경영, 경험경제, 예술경제 등이 있다. 특히 이 가운데 주목을 받고 있는 것이 경험경제다. 경험이란 카오스라 애매모호하기 때문에 한마디로 뭐라고 정의하려 들지 말아야 한다. 얼마든지 나름대로 경험을 만들어갈 수 있어 무궁무진한 콘셉트가 탄생할 수 있다. 다음으로, 미래의 현재화다. 이를 기존 연구에서는 고객 관점의 혁신이라 하는데 특히 하버드대학교 교수들이 많이 연구하고 있다. 또 꿈과 계획은 미래가 살아서 현재가 되게 한다. 따라서 사회든 기업이든 개인이든 반드시 꿈과 계획이 있어야 한다. 끝으로 과거의 현재화다. '부터' 마케팅과 리포지셔닝 두 가지를 소개했다. 경쟁이 치열할수록 '부터'라는 콘셉트는 비즈니스상상력 수단으로 위력을 발휘할 것이며, 과거를 현재에 맞게 콘셉트를 바꾸는 리포지셔닝이 중요해질 것이다.

리듬사고

리듬사고란

    비즈니스에서 콘셉트를 떠올리고 그려내는 두 번째 방법이 '리듬사고'다. 리듬은 연속적·반복적 진동, 맥동, 율동, 운동 등의 신체적·생명적 생성 개념으로 정의된다. 리듬은 생성 개념이라 리듬을 탈 줄 아는 사람이 상상력이 풍부하다. 비즈니스에서 리듬사고란 환경의 변화를 읽어내고 이에 맞춰 조화를 이루어나가는 것을 말하는데, 환경과 함께 춤추는 것이다. 이론으로는 진화론이 대표적이다. 또한 기업에서는 가치이동을 리듬사고로 보고 있어 진화론과 가치이동을 중심으로 리듬사고를 설명한다. 먼저 진화론부터 찾아간다.

진화론

자연선택에서 이기적 유전자까지

　신자유주의 시대의 경영 지식과 맞물려 빛을 보게 된 학문이 바로 진화론이다. 맬서스의 『인구론』과 자연 지리학자인 알렉산더 폰 훔볼트[Alexander Von Humbolt](1769~1859)의 연구에 영향을 받은 다윈[Charles Darwin](1809~1882)이 1859년에 『종의 기원』을 쓴다. 이후 근 120년 만인 1980년대에 기업 경영의 이론적 바탕으로 진화론이 도입된다. 이는 신자유주의가 자본주의 핵심 사상이 된 후 기업의 생태계가 자연 상태와 비슷하여 그리된 것으로 볼 수 있는데, 이른바 약육강식이다.[1]

　잠시 찰스 다윈의 진화론을 알아보기로 한다. 신이 생명을 창조했다는 창조론을 뒤엎은 것이 다윈의 진화론인데, 핵심은 이렇다. 기린의 목이 길어진 이유를 이전까지 라마르크는 '용불용설[用不用說]'로 설명했는데, 많이 사용하여 목이 길어졌다는 논리다. 하지만 이것은 목을 길게 뽑지 않아도 되는 초목이 풍부한 곳에 사는 기린 또한 목이 길다는 현상을 설명해주지 못한다. 이 점에 착안한 다윈은 목이 상대적으로

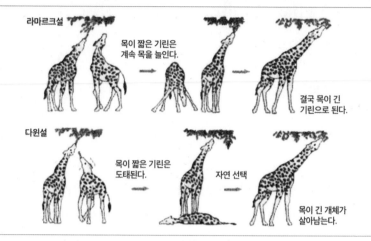

라마르크설

목이 짧은 기린은 계속 목을 늘인다.

결국 목이 긴 기린으로 된다.

다윈설

목이 짧은 기린은 도태된다.

자연 선택

목이 긴 개체가 살아남는다.

긴 기린과 짧은 기린이 공존하고 있었는데, 어느 해 가뭄으로 초목이 말라붙어 목이 짧은 기린은 도태되고 목이 긴 기린만 남아 기린의 목이 길어졌다고 설명한다. 핵심은 '변종hybrid'이 생기고 우연한 환경 변화로 인해 변종이 살아남았다는 것인데, 이를 두고 '자연선택natural selection'이라 하며 '적자생존the fittest survival'이라 하기도 한다.

하지만 자연선택이란 논리로 설명되지 않은 현상을 다윈은 알아차리는데 그것은 바로 공작새의 꼬리다. 그는 공작새의 꼬리를 볼 때마다 현기증을 느꼈다고 하는데, 화려한 꼬리가 결코 생존에 도움이 되지 않는 장식에 불과하여 적자생존의 논리에 부합하지 않았기 때문이다. 공작새 꼬리를 설명하기 위해서 다윈은 '성선택^{sex selection}'을 생각해낸다. 자연선택 못지않게 중요한 것이 자신의 유전자^{DNA}를 퍼뜨리려고 하는 본능이다. 이를 위해 다른 성의 선택이 필수불가결하기 때문에 얼핏 보아 생존에 도움이 되지 않아 보이는 화려한 꼬리를 갖게 된 것으로 다윈은 설명한다.

진화론에서 빼놓고 지나칠 수 없는 사람이 바로 앨프리드 월리스^{Alfred Russel Wallace}(1823~1913)다.[2] 그는 말레이 제도에서 동물 채집을 생업으로 삼은 일종의 밀렵꾼으로 「변종이 원형에서 끝없이 멀어지는 경향에 대하여」라는 논문을 다윈에게 보내어 다윈이 『종의 기원』을 세상에 발표하는 계기를 만든 장본인이다. 특히 그는 말레이 답사에서 두 섬이 30킬로미터밖에 떨어지지 않았음에도 서식하는 동물이 판이하게

다른 점에 주목하여 이른바 '월리스선'이란 것을 만들었는데 이는 '적소niche'라는 개념으로 우리에게 알려져 있다.

이후 진화론은 문화 지리학자인 재러드 다이아몬드Jared Diamond(1937~)로 이어지는데 그는 『총, 균, 쇠』라는 저서로 우리에게 널리 알려져 있다. 그는 문명 진화를 무기, 세균, 기술로 설명한다.[3]

자연지리, 문화지리 쪽으로 이어지던 진화론은 『이기적 유전자』의 저자인 리처드 도킨스라는 걸출한 학자 덕분에 진화생물학으로 다시 각광받는다. 그는 '성선택론'에 주목하여 진화를 계통, 즉 종 중심이 아니라 개체 중심, 즉 유전자 중심으로 설명하여 일약 세계적 스타가 된다.[4] 흥미로운 것은 사랑이든 행복이든 우리가 인간적 감정으로 칭송하던 감정이 모두 유전자가 시키는 것이라는 주장이다. 따라서 번식을 하지 못하는 나이가 되면 남녀가 서로에게 끌리는 사랑의 감정도 없어진다고 한다.

도킨스 교수는 이런 논리로 생물 진화보다는 기술이나 문화 등의 발전으로 연구 영역을 넓혀나간 점이 특징이다. 예를 들면 남녀 간의 거짓말, 심지어 화장까지 자신의 유전자를 퍼뜨리기 위해 더 나은 배우자를 유혹하는 행위로 해석한다. 그는 진화론자답게 미래를 낙관하여 이렇게 말한다. "진화의 끝은 예측하기 어려우나 긍정적으로 생각하자. 역사의 수레바퀴는 노예제 폐지, 여성 참정권 확보 등 일반적으로 옳은 방향으로 흘러왔다."

비즈니스와 진화론

생명체의 성장, 특히 진화를 설명하는 것이 진화론인데 핵심은 '자연선택'과 '성선택'이다. 자연선택은 변종이 환경의 변화로 선택되어 생명체가 진화한다는 논리인데 이를 기업에 적용한 것이 '운칠運七'이다. 우연의 중요성을 말하는 표현을 쓰니 의아할 텐데, 여기서 말하고자 하는 것은 환경 변화란 운도 새로운 콘셉트(이를 '변종hybrid'라 한다)를 만들어놓고 기다리는 종에게 찾아온다는 뜻이다. 공룡은 변종을 만들지 못했거나 설혹 있었더라도 별반 다를 것이 없는 변종밖에 없어서 급격한 환경 변화를 견디지 못하고 지구상에서 사라진 것이다. 따라서 운이 찾아들게 하려면 미래 환경을 가정하고서 다양한 변종을 비즈니스에서 만들어내야 한다.

다음은 성선택이다. 고객이 좋아하거나 선호하는 제품은 살아남고 커질 수 있음을 말한다. 이는 '기삼技三'에 해당한다. 고객이 좋아하는 것, 좋아하게 하는 것이 기술이기 때문이다. 하지만 그 기술도 환경이 바뀌면 새로 태어나야 한다. 공작새가 생존의 위협을 느끼면서도 아름다운 꼬리를 갖는 것이 좋은 힌트다. 비록 기업에 쓸모없어 보이는 것이라도 고객이 찾아들게 하는 데 도움이 되면 투자해야 한다는 뜻이다. 예를 들어 예술 마케팅이다. 예술이란 포장이 공작새의 꼬리 구실을 할 수 있기 때문이다. 또한 고객 가치에 근거한 콘셉트가 있다. 최근 들어 늘어나고 있는 부티크 호텔이나 카페 등에서 이 '콘셉트'의 위력을 엿볼 수 있다.

가치이동

흐름 읽어내기

리듬사고에서 두 번째는 환경의 '흐름'인 '가치이동value movement'을 읽어내고 '때맞추기'를 하는 것이다. 흐름이란 변화의 추이인데, 비즈니스 흐름에서 가장 중요한 것은 고객 가치 흐름이다. 고객 가치 흐름은 '가치이동'이라 하는데 가치주, 가치확장, 트렌드 세 가지로 나뉜다. 단 실무에서는 '트렌드'를 넓게 해석하여 흐름을 포괄하는 의미로 사용한다. 여기서는 좁은 의미로 쓴다. 흐름을 이해하기 위해 몇 가지 예를 먼저 살펴보자.[5]

자동차: 가솔린 → 하이브리드 → 전기차
자동차 소프트웨어: 사람이 운전하는 자동차 → 자율주행

자동차

병원 서비스: 치료^{curing}하는 병원 → 성형이나 다이어트처럼 보호 관리^{caring}하는 병원

주식: 쌀 → 빵, 햄버거, 스파게티, 피자

식사: 집에서 식사 → 바깥에서 식사

가구 구성: 4인 가구 → 1인 가구

음악 서비스: LP → CD → 스트리밍

난방: 연탄보일러 → 기름보일러 → 가스보일러

밥솥: 전기밥솥 → 압력밥솥

건강: 한의원의 보약 → 운동(자전거, 등산, 마라톤, 헬스클럽 등), 발기부전 치료제

주택: 단독주택 → 아파트 → 하이브리드 주거

만남: 다방 → 카페

신발: 정장 구두 → 캐주얼 구두, 운동화

의류: 정장 → 캐주얼, 아웃도어, 기능성 의류

다양한 영역에서 가치이동을 예시한 것이다. 이는 새로운 카테고리가 출현하고 고객의 선호가 기존의 카테고리에서 새로운 카테고리로 옮겨가는 현상을 일컫는다. 가치이동은 가치이주, 가치확장, 트렌드로 구분할 수 있는데, 트렌드는 워낙 흔하게 강조되고 있어 누구나 그 의미를 짐작하겠지만

가치이주와 가치확장은 생소할 것이다.

먼저 '가치이주^{value migration}'부터 설명한다. 원래 가치이주
란 용어는 경영컨설턴트인 슬라이워츠키^{Adrian J. Slywotzky}가 사
용한 것으로 기업이 수익을 얻는 방식이 기존 방식에서 다
른 방식으로 이동하는 것을 의미한다.[6] 예를 들어 스타벅스
는 커피가 아니라 경험으로 수익을 창출하고, IBM은 하드웨
어가 아니라 소프트웨어, 최근에는 왓슨^{Watson}이라는 인공지
능 슈퍼컴퓨터로 수익을 창출하고 있으며, 소니를 비롯한 많
은 기업들은 로봇에서 미래 먹거리를 찾고 있다. 이처럼 슬
라이워츠키는 기업의 수익 원천, 즉 '먹거리'가 옮겨가는 현
상을 가치이주라 부른다.

하지만 여기서는 기업 수익 원천이 아니라 고객 선호가
기존 카테고리에서 새로운 카테고리로 옮겨가 소비의 50퍼
센트 이상을 차지하는 것을 가치이주로 정의한다. 정장 구두
와 캐주얼 구두가 둘 다 있지만 캐주얼 구두가 구두 시장의
50퍼센트 이상을 차지하면 가치이주라 한다. 지금은 전기자
동차가 정부 지원으로 일부 시장을 점유하고 있지만 머지않
아 50퍼센트를 넘어서는 가치이주가 일어날 수 있다.

다음으로 '가치확장^{value extension}'이다. 새로운 카테고리가
나타나 고객 선호를 얻고 있지만, 기존 카테고리도 선전하여
어느 것도 시장의 50퍼센트를 넘지 못하는 현상을 일컫는다.

온라인쇼핑이 새로 나타나 백화점이나 마트의 매출 증가가 둔화하긴 했지만 그렇다고 쇠퇴하지는 않아 공존하고 있는 것이 좋은 예다. 전기면도기가 나타나 안전면도기를 위협하자 안전면도기가 새로운 기술을 도입하여 신제품을 내놓아 고객 선택의 폭이 넓어진 것 또한 그 예다.

끝으로 '트렌드trend'다. 이는 기존 카테고리 내의 변화를 일컫지만, 새로운 카테고리가 나타난 초기 약 1년을 말하기도 한다. 예를 들어 소주의 도수가 25도에서 점차 낮아져 지금은 18도까지 내려간 것은 소주라는 기존 카테고리 안에서 도수가 점점 낮아지는 현상이라 트렌드로 보아야 한다. 또한 소주에서 와인으로 소비자 선호가 옮겨가는 초기 현상도 트렌드라 한다.

개념상의 혼란을 줄이기 위해 실무에서 비즈니스 흐름을 어떻게 이해하는지 알아보자. 지금은 스마트폰이 지배적이지만, 초기에 우리나라 통신업체들이 스마트폰으로 고객이 이동하는 현상을 분류하기 위해 이런 정의를 한 것으로 알고 있다. 100만 명이 쓰면 유행, 500만 명이 쓰면 트렌드, 1,000만 명이 쓰면 문화라고 했다. 이를 잠재 시장 규모 약 4,000만 명으로 가정하여 환산해보면 2.5퍼센트, 12.5퍼센트, 25퍼센트에 해당하는 수치다. 혁신수용이론에 따르면 신제품을 맨 먼저 수용하는 2.5퍼센트를 혁신층, 그다음 13.5퍼센트를 조기수용층, 그 이후 34퍼센트를 조기다수층, 중간 이후 34퍼센트를 후기다수층, 마지막 16퍼센트를 지연층이라 한다.[7] 이 분류에 따르면 우리나라 휴대폰 업계에서는 혁신층이 쓰면 유행, 조기수용층까지 쓰면 트렌드, 조기다수층까지 쓰면 문화로 정의하고 있음을 짐작할 수 있다. 가치이주와 가치확장을 문화로 포괄하고 있으며 유행을 트렌드와 구분하고 있음도 알 수 있다.

하지만 흐름을 읽어내기만 해서는 소용없다. 흐름에 맞추어 콘셉트를 떠올리고 그려내야 한다. 이렇게 하는 것이 때맞추기다.

때맞추기

'때맞추기'는 '타이밍timing'이다. 시간 전문가인 코언William Cohen은 타이밍이 전부는 아니지만 유일하게 절대적이라 하여 그 중요성을 강조한다.[8] 그는 타이밍을 여러 가지로 나누는데 특정 행동을 해야 할 때인 참여 타이밍, 해야 할 행동의 순번 지키기, 행동의 연속성 여부 결정하기, 행동의 반복 여부 결정하기 등이다. 특히 이 가운데 경영자의 주목을 끄는 것이 참여 타이밍이다. 따라서 참여 타이밍에 대한 논의가 학계에서 많이 이루어지고 있는데, 먼저 할 것인지 아니면 뒤에 참여하여 따라잡을 것인지에 대한 논의로 정리된다.[9]

먼저 참여하면 이점이 있지만 문제는 어느 시점이 먼저인지가 모호하다는 것이다. 경쟁은 '경競'과 '쟁爭'으로 구분되는데, 경은 앞서는 것, 쟁은 빼앗는 것을 말한다. 빼앗기보다 앞서는 게 좋을 것 같지만 그게 그렇지 않다. 새로운 길을 가야 하는 과정에 피하기 어려운 위험이 도사리기 때문이다. 그래서 뒤에 들어가 때를 보아 선발주자를 추월하는 전략을 추천하지만 이 또한 쉽지 않다. 선발주자가 가만히 있지 않고 좋은 자리를 선점하여 뛰기 때문이다.

따라서 참여 타이밍은 최초냐 후발이냐가 아니라 세상의 흐름을 전략적으로 소화하는 것으로 정의해야 한다. 세상의 흐름에 뒤처지는 것이 전략적인 의사결정이라면 그 또한 때 맞추기고 모든 준비가 되어 있지만 경쟁사의 참여를 보고 나서 참여하는 것도 때맞추기다. 따라서 '때맞추기'의 핵심은 비즈니스 흐름을 알고 이에 전략적으로 대처하는 것이다. 때맞추기는 '적합성 전략'이라고 하여 세 가지로 정리된다.[10]

먼저, '트렌드 주도자trend drivers'다. '트렌드 세터trend setter'라고도 하는데, 이는 새로운 트렌드를 만들어 흐름을 주도하는 전략을 말한다. 패스트패션을 선보인 유니클로, 저가 항공을 선보인 사우스웨스트 항공, 최초의 카페를 만든 스타벅스, 스마트폰을 주도한 애플 등이 그 예다.

다음으로 '트렌드 반응자trend responders'다. 트렌드를 선도하진 않지만 재빨리 흐름을 파악하여 따라가는 전략을 말한다. 삼성이 스마트폰 시장에 참여하여 애플을 제치고 1위에 오른 사례를 비롯하여 우리나라 대부분의 비즈니스 성공 사례는 여기에 속한다고 할 수 있다. 끝으로 '트렌드 간과자trend neglectors'다. 트렌드를 좇아가지 않고 기존 카테고리에서 버티는 전략으로 '장단기 현금회수전략'이라고도 한다. 백화점이 그 예인데 유통의 중심축이 마트나 온라인으로 바뀌는 흐름을 읽어낸 경영진이 백화점 대신 마트나 인터넷쇼핑으로 투자를 높이는 사례다. 하지만 투자가 바뀐 것을 눈치챈 직원들의 동요로 인해 백화점 투자를 다시 늘려 트렌드 반응자로 선회했다. 트렌드 간과자가 의외로 현금 창출에 도움이 되는 경우가 있는데 ㈜대상은 이 회사의 효자인 발효 조미료 미원을 고수하여 지금도 잘나가고 있다.

이러한 사례에서 보면 '때맞추기'인 참여 타이밍은 흐름을 따라가는 것이 아니라 흐름을 알고 있으면서 전략적으로 대처하는 것임을 다시 확인할 수 있다.

요약

이 장에서는 환경 흐름으로 콘셉트를 떠올리고 그려내는

리듬사고를 살펴보았다. 먼저 리듬사고의 최고는 진화론으로 보고 운칠기삼으로 비즈니스와 연결한다. 자연선택을 '운칠'의 논리로 설명하는데, 운은 새로운 콘셉트를 기획하고 기다리는 자에게 다가옴을 말한다. 한편 성선택은 '기삼'으로 고객은 쓸모없을 것 같은 콘셉트에 꽂힐 수 있음을 말한다. 다음은 고객가치가 변화하는 가치이동이다. 비즈니스 자체가 가치이동이라 할 정도로 늘 변화한다. 따라서 가치이동을 가치이주와 가치확장, 트렌드로 구분하여 대비할 것을 말한다. 가치이주인 경우 기존의 콘셉트를 버리고 새로운 콘셉트를 만들어가야 하지만, 가치확장인 경우는 굳이 새로운 콘셉트가 필요하지 않을 수도 있다. 끝으로 가치이동의 때맞추기인 타이밍이다. 먼저 치고 나갈 수도 있고 전략적으로 늦게 진입할 수도 있다. 먼저 치고 나갈 때의 콘셉트와 늦게 진입할 때의 콘셉트가 다를 따름이지 어떤 것이 더 좋다고 말하기는 곤란하다.

이항대립사고

이항대립사고란

비즈니스에서 콘셉트를 떠올리고 그려내는 세 번째 방법
이 '이항대립사고'다. 이항대립사고라고 하니 생소할 것이
다. 대립 관계에 있는 개념을 생각하는 것을 가리킨다. 그냥
반대개념이라 해도 되지만 반대가 갖는 고정성이 있어 이항
대립이라 한 것이다. 예를 보자. '낮'의 대립 관계에 '밤'이 있
지만 꼭 밤만 있는 것은 아니다. 저녁의 어스름과 새벽의 여
명이 있을 수 있다. 또한 남자와 여자를 대립 관계로 한정할
수 없다, 게이나 레즈비언이 있기에.

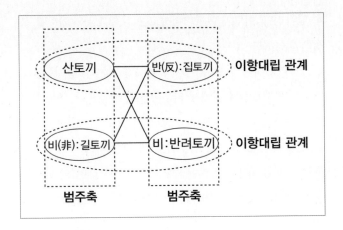

이렇게 예를 드니 이항대립사고를 쉬운 것으로 생각할 수 있는데 그렇지 않다. 이는 기호학에서 기호(개념)의 차이를 분석하는 방법으로 사용되는데, 다양한 대립 관계를 일목요연하게 정리하는 방법이 그레마스$^{Algirdas\ Julius\ Greimas}$(1917~1992)의 사변형이다.[1] 좀 건조한 내용이지만 그레마스의 사변형을 이해하는 시간을 갖도록 하자.

가령 "산토끼란 무엇인가?"라는 질문을 받았을 때 어떤 의미가 떠오르는지 생각해보자. 대부분 산에서 사는 토끼로 생각할 것이다. 집토끼를 이항대립으로 떠올렸기 때문이다. 만약 이항대립으로 죽은 토끼나 판 토끼를 떠올렸다면 '산토끼'의 의미는 완전히 달라질 것이다. 산에 사는 토끼가 아니라 살아 있는 토끼, 또는 시장에서 사 온 토끼로 의미가 완전히 달라진다. 이렇게 이항대립사고는 기호(개념)의 차이를 분명히 하는 힘이 있다.

그레마스의 사변형은 여기서 끝나지 않는다. 반려동물로 키우는 반려토끼나 집에서 키우다 집을 나갔으나 산에 가지 않고 아파트에 어슬렁거리는 길토끼가 있을 수 있는데 이것은 산토끼도, 그렇다고 집토끼도 아니다. 따라서 그림에서 보는 것처럼 사변형으로 분석할 때 비로소 산토끼의 의미는 분명해진다. 집토끼, 길토끼, 반려토끼가 아닌 토끼가 산토끼다.

다양한 이항대립 관계를 표시한 그림이 그레마스의 사변형인데 세 가지 내용으로 구성된다. 첫째가 '반'관계다. '산토끼'와 '집토끼'는 이항대립이면서 '반反'의 관계에 있다. 둘째가 '비非'의 관계다. 집토끼와 길토끼, 산토끼와 반려토끼가 '비'의 관계다. 셋째가 범주축이다. '산토끼'와 '길토끼', '집토끼'와 '반려토끼'는 같은 의미는 아니지만 같은 범주에 속한다. 이처럼 그레마스의 사변형은 어떤 개념의 의미를 분석하기 위해 '반'관계, '비'관계, 범주축으로 나누는 기호 분석 방법이다. 이 방법을 우리가 알고 있는 개념에다 적용하면 신기하게도 의미가 분명해지고 다양한 아이디어가 떠오른다. 그래서 이항대립사고는 비즈니스상상력의 중요 기법이 될 수 있다.

이항대립사고의 적용

이렇게 설명하더라도 이항대립사고의 힘을 실감하기는 쉽지 않을 것이다. 그래서 몇 가지 예를 들기로 한다. 이 사진이 어떤 이미지인지를 짐작해보자. 북카페 같기도 하고 서점 같기도 할 것이다. 정답은 만화방이다. 점점 쇠퇴의 길을 걷던 만화방이 카페 콘셉트로 새로 태어난 것이다. 대체 이런 생각을 어떻게 할 수 있었을까? 이것이 아마 실무자들이 가장 묻고 싶은 질문일 것이다. 만화가게와 만화방은 그레마스의 사변형에서 같은 범주축에 속하는데 만화방이란 콘셉트가 탄생한 과정은 이렇다. 먼저, 만화가게와 '반'관계에다 카페를 놓고 그다음, 카페를 부정하는 '비'카페지만 만화가게의 범주에 속하는 콘셉트를 생각하면 만화방이 탄생한다.

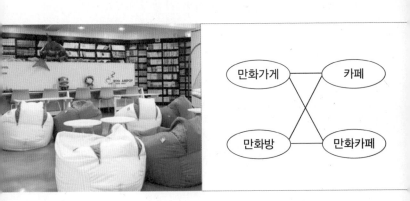

만화방은 카페를 부정하지만 그렇다고 만화가게도 아닌 새로운 콘셉트가 된 것이다. 덧붙여 만화방과 이항대립 관계에 있는 만화카페라는 콘셉트를 상상할 수도 있을 것이다.

하나만 더 예로 든다. 온라인 유통이 대세를 이루는 유통시장에서 자사 브랜드가 아닌 여러 브랜드를 컬렉션하여 판매하는 매장을 편집매장이라고 한다. 이것의 탄생도 그레마스의 사변형으로 설명할 수 있다. 우선 유통 업태 중 하나인 백화점을 정하고 이것의 '반'관계에 있는 유통점을 전문점으로 설정한다. 그런 다음 전문점을 부정하는, 그러면서 백화점의 범주축에 속하는 콘셉트를 생각하여 편집매장이란 콘셉트가 나오게 된 것이다. 여기서 끝나지 않고 편집매장과 반대지만 전문점의 범주축에 속하는 팝업스토어라는 콘셉트가 나올 수도 있다.

그레마스의 사변형 분석에서 가장 흥미로운 것은 '반'관

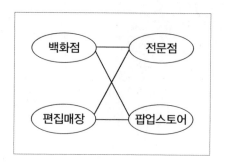

계에 어떤 개념을 두는지에 따라 전체가 달라진다는 점이다. 만약 전문점 대신 대형마트나 편의점 또는 온라인 유통을 '반'관계에 위치시키면 또 다른 유통 사변형이 그려질 수 있을 것이다.

이항대립사고가 신제품을 개발하는 데도 매우 요긴함을 여러 가지 예를 들어 설명한다. 보이지 않던 신제품 콘셉트도 이항대립사고를 하면 신기하게도 드러난다.[2]

이항대립사고와 신제품 콘셉트

사례 1: 우유

오래된 얘기지만 예로 든다. 우유가 남아돈다며 축산농가에서 고속도로를 점거하고 시위하는 것을 뉴스에서 본 적이 있다. 성인들은 어릴 적부터 우유를 먹지 않아 유당분해효소가 적어 먹고 싶어도 배탈이 나서 우유를 먹지 못한다는데, 왜 우유를 소비하지 않는다고 시위하는지 의아했다. 그런데 이후 매일유업은 '소화가 잘되는 우유', 남양유업은 '맛있는 우유' 등 여러 우유업체가 성인들을 위한 신제품을 출시했다. 이처럼 비사용자가 왜 소비하지 않는지를 알아내 신제품 콘셉트를 정할 수 있다. 이 사례를 그레마스 사변형으로 분석한다. 그림과 같이 우유 소비자 및 잠재소비자를 좋아함, (반)싫어함, (비)안 싫어함 (비)안 좋아함 등으로 나눌 수 있다. 유당분해효소가 없는 사람들이 바로 '안 싫어함'에 해당하고 우유 가 맛이 없어 마시지 않는 아이들이 '안 좋아함'에 해당한다. 싫어하는 소비자를 대상으로 제품을 개발하기는 어렵겠지만 '안 싫어함'이나 '안 좋아함'에 있는 소비자를 대상으로 한 신제품은 개발할 수 있음을 사례를 보여준다.

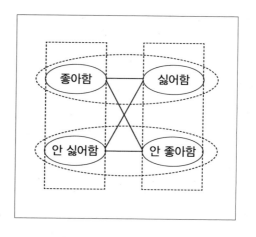

사례 2: 죽, 닭 가슴살, 화장품

쌀 한 줌 넣고 시래기를 더 많이 넣어 배를 채웠던 시대를 경험한 세대는 죽을 먹지 않으려 한다. 그래서 그런지 죽은 얼마 전까지 환자나 먹는 것으로 생각했다. 그러다가 '왜 죽은 환자만 먹어야 하나? 일반인이 먹으면 안 되나?'라는 '왜 안 되는가 why not?'의 물음에서, 일반인의 죽이라는 콘셉트로 '본죽'이 탄생된 것이다. 또한 '왜 남자는 화장을 하면 안 되는가?'라는 질문에서 남성화장품은 시작된 것이다. 왜 닭 가슴살은 천덕꾸러기여야 하는가? 우리나라 최대 닭고기 업체인 하림은 3장(농장, 공장, 시장) 통합 비즈니스 모델로 유명한데, 이런 하림도 한때는 닭 가슴살 처리 문제로 골치를 썩었다. 그러다 헬스 열풍을 타고 헬스 단백질이란 콘셉트로 바꾸어 지금은 가슴살이 닭의 여러 부위 중에서 최고가에 팔리고 있다. 이들은 그레마스의 사변형을 분석하지는 않았지만 '반'에 해당하는 콘셉트를 생각하여 성공한 사례이다. '반'에 해당하는 콘셉트를 발상하는 방안으로 왜 안되는가?란 질문을 할 수 있을 것이다.

사례 3: 재임브랜드

소비자의 소비습관을 형성하여 안주하는 브랜드를 재임브랜드 incumbent brand라 하는데 대개 장수브랜드가 이에 해당한다. 세계적으로 신발에서 나이키, 생활용품에서 P&G 등이 이러한 예에 속한다. 나이키가 독보적인 위치에 안주하자, 언더아머는 이의 허점을 공격하여 남성 시장을 표적으로 나이키가 간과한 스포츠 속옷이라는 새로운 카테고리를 만들어 성장하고 있다. 전 세계 거의 모든 생활용품 카테고리를 지배하고 있는 P&G에 도전한 메소드사는 생활용품이 차별화가 어려운 제품인 것에 착안하여 패키지디자인으로 승부를 걸어 성공하였다[3]. 성인 여성 인형이라는 콘셉트로 성공한 '천사 바비'는 재임브랜드로서 그 위치가 굳건하였다. 하지만 바비 인형의 안주를 공격한 브랜드가 '악녀 브랏츠'이다. 바비 인형이 미인을 형상화한 것에 착안하여 보통사람, 오히려 못 생긴 콘셉트로 인형을 만들어 시장점유율에서 천사바비와 대등하게 성장하였다. 재임하고 있는 브랜드를 공격하여 생각할 수 있는 콘셉트를 떠올리는 방법을 보여주는 사례. 이들 또한 그레마스의 사변형으로 분석하진 않았지만 핵심은 '반'에 해당하는 콘셉트를 상상함이다.

사례 4: 씨네큐브, 홍대앞 가게

서울의 흥국생명 지하에 있는 씨네큐브라는 예술영화 전문극장은 한 스크린에 여러 영화를 올리는 방식으로 스크린의 한계를 극복하고 있다. 멀티플렉스 극장인 경우 스크린 수가 많아 한 스크린에 한 작품을 올릴 수 있지만 씨네큐브는 스크린이 두 개밖에 없어 아이디어를 낸 것이다. 홍대 앞에는 간판 없는 가게가 많다. 간판은 클수록 좋다는 듯이 보기 흉했던 것을 생각하면 매우 혁신적인 발상이라고 할 수 있다. 가게 간판이 없거나 작으면 초기에는 조금 고생을 하지만 고객의 충성도는 매우 높다고 한다. 최근 백화점에서 명품매장에 들어가기 위해 줄을 서는 광경을 목격한다. 소위 말하는 줄 세우기 마케팅이다. 홍대앞 라면가게에서도 비슷한 줄 세우기를 하고 있다. 줄 세우기 마케팅은 기존의 고객만족의 관점에서 볼 때 획기적인 발상이라고 할 수 있다. 이들 사례는 기존 콘셉트의 '반'이 아니라 '비'의 콘셉트로 새롭게 비즈니스를 운영할 수 있음을 보여준다. 씨네큐브 콘셉트를 그레마스의 사변형으로 분석한 그림이다.

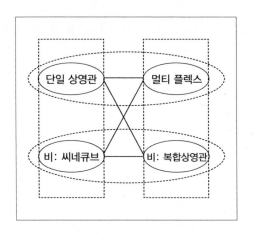

사례 5: 함평 나비 축제

함평군 이석현 군수는 "봄이 온다."가 아니라 "나비가 온다."라는 발상에서 함평 나비축제를 만들어 대성공을 거두었다. 4만 인구 중 65퍼센트가 노인인 함평을 전국적으로 유명하게 한 것은 '봄이 온다'라는 추상적인 개념을 '나비가 온다'라는 구체적인 행위로 표현한 것이다. 이를 그레마스 사변형으로 분석하면 흥미로운데, 추상성과 구체성을 이항대립적 위치에 두어 축제 콘셉트를 상상한 것이다. 이를 그레마스의 사변형으로 분석하면 새로운 콘셉트의 축제를 상상할 수 있는데, 그림에서 보는 것처럼 '비'구체성에 해당하는 봄 축제가 있을 수 있고 '비'추상성에 해당하는 축제를 기획할 수도 있음이다. 나비가 아닌 음악으로 봄이 왔음을 보여주는 것이 '비'구체성 콘셉트의 예고, 봄과 여름의 경쟁을 보여주는 축제를 기획하면 '비'추상성이 될 것이다[4].

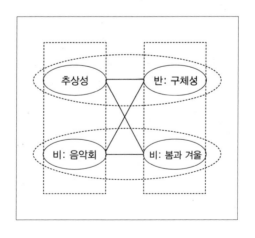

사례 6: 컨버전스와 디버전스

융복합이 대세다. 융합의 한 면이 컨버전스이고 다른 한 면은 디버전스이다. 학문분야 간의 융복합은 통섭으로 불리고 있다. 이화여대 최재천 교수를 필두로 한 여러 학자들이 통섭을 주제로 내세운 후 인문학을 경영에 도입하는 것이 쟁점이 되고 있다. 컨버전스라고 하여 휴대폰에 카메라기능을 추가하고, 앱을 통해 각종 기능을 추가하는 것이 그 예다. 따라서 스마트폰이 컨버전스의 전형적인 예인데 융복합의 다른 한 면이 디버전스이다. 부가적인 기능을 삭제하고 기본기능은 더 향상시키는 것이 디버전스의 예인데, LG 전자에서 저소득 가정을 위한 절전형 냉장고를 개발하여 녹색상품으로 각광을 받고 있다. 양문형이 아니라 일반형이고 소형으

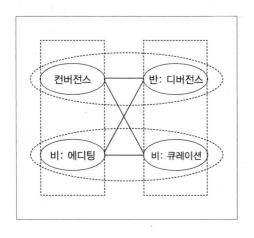

로 후발 개도국에 팔리는 제품디자인이다. 이 사례는 컨버전스와 디버전스를 '반'의 위치에 대립시켜 콘셉트를 기획할 수 있음을 말한다. 물론 '비'에 해당하는 콘셉트도 생각할 수 있는 편집과 큐레이션 기법이 바로 그러한 발상이다. 그레마스 사변형으로 콘셉트를 발상한 예를 표현한 그림이다.

요약

이항대립적 사고는 그레마스의 사변형으로 사고하는 것을 말한다. 신제품 아이디어를 낼 때나 새로운 비즈니스 모델을 만들려 할 때 강추하고 싶은 발상방법이다. 먼저, '반' 위치에 올 수 있는 개념을 다양하게 생각하라는 것이다. 산토끼는 그 반대에 어떤 개념이 오는지에 따라 의미는 확연히 달라지는 예를 들고 있다. 다음으로 부정, '비'의 개념을 생각하는 것이다. 그리하면 집토끼는 아닌데 그렇다고 산에도 살지 않는 토끼인 길토끼란 개념이 만들어지게 되는 것이다. 세 번째로 같은 범주 축에 있는 콘셉트와 차별화하는 방안을 생각하는 것이다.

기회사고

기회사고란 무엇인가

비즈니스에서 콘셉트를 떠올리고 그려내는 네 번째 방법은 '기회사고'인데 '4분의 3사고'라고도 한다. 아마 무슨 얘기인지 생소할 것이다. 잠재 사업 기회의 무한성을 강조하기 위해 만들어낸 개념이다. 시장이 포화하여 더 이상 사업 기회가 없다고 생각하는 사람에겐 상상력이 찾아들지 않는다. 상상력은 아직도 무한한 사업 기회가 있다고 생각하는 사람의 창문을 두드린다.

경영 구루grue(선지자)로 유명한 해멀Hamel과 프라할라드

Prahalad 두 교수는 『미래경영』이란 저서에서 현재 우리가 알고 있는 사업은 사업 기회의 일부에 불과하며 대부분은 잠재돼 있어 모르는 채로 있다고 말한다.[1] 잠재된 사업 기회를 그들은 '미개척 기회unexploited opportunities'라고 하는데 4분의 3사고란 바로 미개척 기회를 상징적으로 표현한 것이다. 잠재된 사업 기회가 드러난 사업보다 더 큼을 말하는 것이지 3배로 크다는 것은 아니다.

두 교수는 미개척 기회의 열쇠는 소비자가 쥐고 있다고 보고 소비자 욕구와 소비자 유형을 두 축으로 한 매트릭스를 그려 사업 기회를 설명한다. 소비자 욕구는 '연결 욕구articulated needs'와 '미연결 욕구unarticulated needs'로 나누고, 소비자 유형은 '봉사 고객served customer'과 '미봉사 고객unserved customer'으로 나눈다. 연결 욕구는 이미 드러난 욕구가 상품화된 것을 말하고, 미연결 욕구는 잠재된 욕구가 있지만 상품화하지 못한 미충족 욕구를 말한다. 또한 봉사 고객은 고객 중에서 자사의 제품이나 서비스에 접근 가능한 고객을 말하고 미봉사 고객은 여러 이유로 접근 가능하지 않은 고객을 말한다.

이 매트릭스는 4가지 상한을 갖는다. 3상한은 현재의 제품과 서비스, 1상한은 '미연결'된 사업 기회, 4상한은 '미봉사'인 사업 기회, 2상한은 미연결과 미봉사가 중첩된 사업 기회를 말한다. 이 매트릭스를 단순히 보면 3상한이 현재의

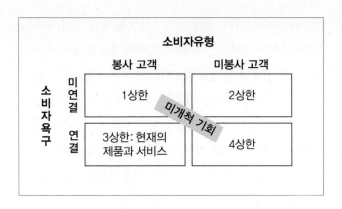

제품과 서비스를 받고 있는 4분의 1이고, 미개척 기회가 나머지라 4분의 3사고라 표현한 것이다. 따라서 4분의 3사고란 아직도 우리가 모르고 있거나 개척하지 않은 사업 기회가 무한하다고 생각하는 것이다. 미개척 상태인 4분의 3 기회를 사업 콘셉트로 개발하는 방안을 지금부터 알아본다.

기회사고 1: 미연결 욕구

소비자의 '미연결 욕구'를 말하려 한다. 그 전에 욕구부터 정의한다. 다양한 정의가 있지만 욕구는 결핍을 메우려는 행동 동인을 뜻하는데, '중립neutrality'에서 시작한다.[2] 중립에서 벗어나는 갭이 결핍이며, 현실적 결핍과 상상적 결핍으로 나뉘진다. 전자는 '현실 상태$^{actual\ state}$'가 중립에 못 미치는 갭을, 후자는 '희망 상태$^{desired\ state}$'가 상승하여 새로운 중립이 되고 이것으로 인해 생긴 갭을 말한다.

그림은 현실적 결핍인 경우 '회복'이 행동 동기가 되고, 상상적 결핍인 경우 '향상'이 행동 동기가 됨을 보여주고 있다. 따라서 욕구는 회복과 향상이란 두 면을 갖는다. 향상을 흔히들 욕심으로 알고 이를 내려놓으라고 권유하고 있는데, 향상을 욕심으로 보아서는 안 된다. 욕심은 자신의 능력과 욕구의 관계를 표현한 것이지 욕구가 아니다. 향상으로서의 욕구는 인간 행동의 동인으로 소중한 것이다.

회복(현실적 결핍)은 기본이지만 향상(상상적 결핍)을 어떻게 보는지에 따라 욕구를 보는 관점을 세 가지로 나눌 수 있는데 그림에서 동그라미로 표현하고 있다.

첫째, A관점이다. 이것은 회복만을 욕구로 보는 관점으로 향상을 보지 못하는 한계를 갖는다. 이는 욕구란 충족되고 나면 현실적 결핍이 생길 때까지 당분간 없어져 잊힘을 말하는데 인간의 식욕, 성욕, 수면욕 등을 설명하는 데 유용한 관점이다. 욕구에서 벗어나는 길은 현실적 결핍을 만들지 않는 것, 즉 중립을 매우 낮게 하는 것이다. 불교에서 말하는 무욕 내지는 무위의 삶이 바로 중립을 낮추어 결핍에서 벗어나는 길이다. 따라서 A관점은 종교에서 말하는 욕구에 가깝다.

둘째, B관점이다. 이는 현실적 결핍에서 회복되고 나면 욕구가 당분간 사라지는 것이 아니라 더 높은 수준의 욕구가 생긴다고 본다. 즉 회복보다는 향상에 초점을 맞추고 있다. 작은 자동차를 쓰다 큰 차로 바꾸려 하고 작은 집에 살다 큰 집으로 이사 가려 돈을 모으는 우리의 모습을 잘 설명한다. 이 관점에 따르면 자동차, 가전제품, 집 등 생활필수품은 날이 갈수록 고급이 나올 수 있고 다양화될 수 있다.

셋째, C관점이다. 이 또한 향상에 주목하고 있는 점은 B관점과 같지만 두 관점은 큰 차이를 보인다. B관점은 욕구가 무한히 향상될 수 있다고 보지만, C관점은 욕구가 어느 선에서 충족되고 나면 새로운 욕구로 옮겨간다고 본다. 유명

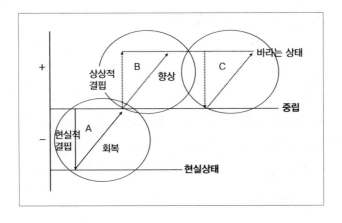

한 매슬로^{Abraham Maslow}(1908~1970)의 욕구 5단계설은 C관점에 근거하고 있다.[3] 낮은 단계의 생리적 욕구가 충족되면 계단을 밟고 올라가듯이 새로운 욕구가 생긴다고 보는 이론이다. 그가 말하는 인간 욕구의 단계는 이렇다. '생리적 욕구 physiological needs → 안전 욕구safety needs → 사회적 욕구social needs → 존중 욕구esteem needs → 자아실현 욕구self-actualization needs.'

B, C관점에서 소비자의 욕구를 생각하면 미연결 욕구는 무한하다고 할 수 있을 것이다. 특히 C관점으로 소비자 욕구를 보면 물질적 욕구 외에 정신적 욕구가 눈에 들어오는데 이를 제품이나 서비스로 개발하는 시장은 무한할 수 있다. 앞으로 정신적 욕구를 콘셉트로 하는 새로운 비즈니스가 다양하게 개발될 수 있을 것이다.

여기서 빼놓을 수 없는 논의는 현실적 결핍과 상상적 결핍이 어떻게 생기느냐 하는 것이다. 현실적 결핍은 시간이 지나면 생긴다. 따라서 피해갈 수 없고 더 절실하다. 나이가 들면 자연스럽게 현실적 결핍이 생기기 마련인데 세계적인 스타도 예외일 순 없다. 반면 상상적 결핍은 얘기가 다르다. 품성과 미덕, 종교 등을 통해 상상적 결핍은 달라질 수 있기 때문이다. 따라서 개인차가 많다. 세월만 간다고 모두가 어른이 되는 것은 아니다. 어른다운 상상적 결핍을 갖는 사람과 끝까지 현실적 결핍의 늪에서 벗어나지 못하는 사람이 있을 수 있다. 노년에 봉사 활동에 솔선했던 햅번^{Audrey} Hepburn(1929~1993)이 한 말이다.

기억하라, 도움의 손이 필요하다면 내 팔 끝에 있는 손을 이용하면 된다. 나이가 들면 손이 두 개라는 것을 발견하게 될 것이다. 한 손은 너 자신을 돕는 손이고, 다른 한 손은 다른 사람을 돕는 손이다.

기회사고 2: 미봉사 고객

'미봉사 고객'은 일상으로 쓰이지 않는 표현이라 생소할 수 있다. 해멀과 프라할라드 두 교수의 표현을 살리려 번역하다 보니 그리된 것이다. 자사 제품을 사용하지 않는 소비자, 즉 잠재 소비자를 일컫는 표현이다. 이를테면 타사 제품을 사용하는 소비자, 적게 사용하는 소비자, 비사용자, 해외 소비자, 미래 소비자 등을 말한다. 이에 대비하여 자사 고객은 '봉사 고객'으로 표현한다. 미봉사 고객을 봉사 고객으로 바꾸는 방안을 생각하는 것이 바로 4분의 3사고의 하나다. 모든 미봉사 고객을 봉사 고객으로 전환하는 방안을 여기서 말하기는 무리다. 그래서 타사 제품을 사용하는 소비자를 봉사 고객으로 전환하는 방안을 설명하는 선에서 그친다. 이는 바로 시장점유율 분석이다.

시장점유율 분석에서 탁견을 보이는 오마에Ohmae 박사의 아이디어를 소개한다.[4] 그는 시장점유율을 높이는 전략을 제시하기에 앞서 시장점유율을 그림과 같이 계산하고 미봉사 고객을 '누수시장'이라고 정의한다. 그림을 중심으로 누수시장을 설명한다.

- 커버리지율coverage ratio: 유산균 음료 시장은 액상, 호상, 드링크 등 세 카테고리가 있다. 만약 어느 작은 회사가 드링크 타입의 유산균 음료(30퍼센트)를 생산하지 않는 다면 약 70퍼센트 정도의 커버리지율이라고 할 수 있다.

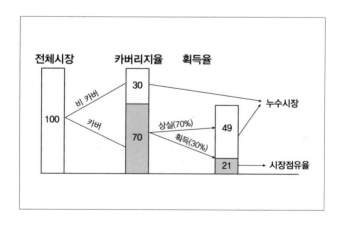

- 획득률^{winning ratio}: 드링크류를 제외한 액상과 호상 타입의 유산균 시장에서 시장점유율을 말한다. 그림에서는 획득 30퍼센트, 상실 70퍼센트로 예시하고 있다.
- 시장점유율: '커버리지율(70퍼센트)×획득률(30퍼센트)'이 곧 시장점유율(21퍼센트)이다. 실상은 21퍼센트가 시장점유율이지만 획득률인 30퍼센트를 시장점유율로 생각할 수 있어 혼란을 가져오는 원인이 되곤 한다.
- 누수시장^{leaked market}: 빠트리고 있는 시장을 말하는데, 79퍼센트 시장이 누수시장이다. 누수시장은 커버하지 못하는 30퍼센트와 침투하지 못하고 있는 49퍼센트를 합산한 것이다. 이것이 바로 미봉사 고객이다.

오마에 박사는 누수시장인 미봉사 고객을 봉사 고객으로 바꾸는 전략을 그림과 같이 세 가지로 제시한다. 커버하지 못하는 30퍼센트는 제품이 없는 경우(15퍼센트)와 영업망이 없는 경우(15퍼센트)로 나누고, 침투하지 못하는 49퍼센트(약 50퍼센트)는 경쟁자에게 빼앗긴 것으로 보고 그 원인을 파악하여 대책을 세울 것을 제안한다.

- 제공하지 못한 제품^{product not offered}(15퍼센트): 기술이나 생산 시설이 없어 제품이 없다면 생산 시설을 늘리거

나 기술 개발로 갭을 메울 수 있다.

- 커버하지 못한 고객^{customers not covered}(15퍼센트): 유통망이
  없거나 영업력이 부족하여 시장을 다 커버하지 못하는
  경우를 말하는데, 투자를 늘려 두 원인을 없애는 것이
  대책이다.

- 경쟁사에 뺏긴 고객^{customers competed for and lost}(49퍼센트): 예
  를 들어 그 원인이 제품 품질, 서비스 품질, 가격 및 지
  불 조건의 문제라면 이를 없애는 것이 대책이다.

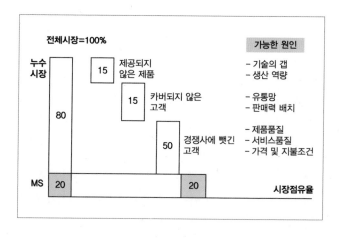

기회사고 3: 미연결 욕구와 미봉사 고객

이제 기회사고의 마지막으로 미연결 욕구와 미봉사 고객이 중첩된 잠재시장을 찾아간다. 이를 이해하려면 교환을 알아야 한다. 인간의 모든 행위는 교환 행위로 볼 수 있다. 사회를 구성하여 살아가고 있기 때문이다. 그래서 사회학이나 문화인류학에서 교환에 관한 연구가 활발한데,[5] 이들의 연구를 차용하여 비즈니스에서는 교환 행위를 뒷장의 그림과 같이 네 유형으로 나눈다. 상품화와 공식화 여부를 두 축으로 하여 분류한다. 상품화는 사고파는 것을 말하고, 공식화 여부는 법이 허용하는지를 말한다.

우리가 일상에서 하는 거의 모든 교환 행위는 '시장 교환 market exchange'이라 따로 설명하지 않는다. 이와 대비되는 것이 '지하시장 교환'인데 매춘, 밀수, 마약 거래, 뇌물 수수 등이 여기에 속한다. '재분배적 교환 redistribution exchange'은 정부가 중간에서 교환을 중재하는 것을 말한다. 소득 차이에 따라 세금을 차등 징수하고 필요한 사람들에게 복지를 제공해주는 것에서 알 수 있듯이 주고받는 것이 등가가 아니다. '교호적 교환 reciprocal exchange'은 상품화도 아니고 그렇다고 공식화도 아니지만 우리의 공동체 생활 대부분을 차지하는 교환이다. 주고받기는 하되 그것이 사랑, 존경, 예의, 의무, 도덕, 양심 등으로 나타난다.

이 정도에서 설명을 마치고 왜 교환이 기회사고인지를 알아본다. 그것은 그림의 화살표가 보여준다. 즉, 지하시장 교환, 재분배적 교환, 교호적 교환을 시장 교환으로 전환하는 발상이 바로 비즈니스 콘셉트이기 때문이다. 예를 들어보자.

첫째, 재분배적 교환에서 시장 교환으로 전환하는 콘셉트다. 보안은 나라가 세금 받고 해주는 서비스인데 사적 서비스로 전환하여 보안서비스 회사가 탄생하게 된 것이다. 공교육을 보완하는 것이 아니라 대신하는 사교육시장의 번창은 또 다른 예가 될 수 있다. 또한 국립대의 법인화, 공기업의 민영화 등도 이런 예에 속한다. 일본에서 나라가 하는 복지 서비스를 편의점이 대행해 운영하게 하는 것도 이런 예다.

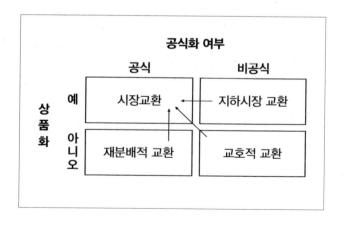

둘째, 교호적 교환에서 시장 교환으로 전환하는 콘셉트다. 연금상품, 상조회, 요양병원, 중매서비스 등이 대표적인 예다. 이전 세대는 자식에게 노후를 의탁했으나 지금 세대는 연금에 자신의 노후를 맡긴다. 과거 공동체 문화였던 상조 문화는 이제 장례를 대행해주는 서비스업체에 자리를 내주고 있으며 요양병원이 부모 공양을 대신한다. 식품시장에 일고 있는 바람이 HMR^{Home Meal Replacement}이다. 이는 가정 요리를 대체하는 레디메이드푸드를 말하는데, 1인 가구의 성장으로 앞으로 급격히 늘어날 것으로 전망된다.

셋째, 부정청탁금지법으로 된서리를 맞은 뇌물 수수 대신 로비스트 서비스가 새로운 콘셉트로 등장할 수 있다. 마약과 매춘도 나라에 따라 시장 교환이 되는 경우가 있다. 특히 미국에서 무기 거래가 허용되는 사실은 우리가 금지하는 것도 시장 교환이 될 수 있음을 시사한다. 아직 시장이 그다지 크지는 않지만 탄소배출권시장은 대기오염의 주범인 탄소 배출이 지하시장에서 시장 교환으로 바뀌어 큰 시장이 될 수 있음을 보여주는 사례라 할 수 있다.

요약

기회사고를 4분의 3사고라고 하는데 이는 어디까지나 상징적 표현이다. 시장 포화란 있을 수 없고 잠재시장은 언제나 있음을 말한다. '어찌하면 기회를 잘 활용할 수 있는 콘셉트를 떠올릴 수 있을까?'를 말하고 있다. 첫째, 미연결 욕구다. 소비자의 욕구는 무한할 수 있고 다양할 수 있다. 충족이란 애초에 없다고 봄이 맞을 것이다. 다음으로 미봉사 고객이다. 해외시장은 말할 것도 없고 국내시장조차 과학적으로 분석해보면 누수시장이 있다. 알고서 봉사하지 않는 것과 모르고 봉사하지 않는 것은 다르다. 끝으로 무한한 가능성이 있는 시장이 미연결 욕구와 미봉사 고객인데, 여기서는 교호적 교환과 재분배적 교환에서 시장 교환으로의 전환이 새로운 콘셉트다. 복지를 정부가 아니라 시장이 맡아서 하는 것을 상상해보면 지금까지 생각도 못한 비즈니스 콘셉트가 나올 수 있다. 차량 공유 서비스인 '우버'나 숙박 공유 플랫폼 '에어비엔비'는 과거 교호적 교환으로 이루어진 것을 시장 교환으로 바꾼 비즈니스 콘셉트의 대표적인 예다.

제4부

마무리

상상력, 창의성 그리고 삶

마무리를 시작하며

상상력에 대한 깊이 있는 논의라 애를 많이 먹었다. 바꾸
고 또 바꾸어 여기까지 왔지만 여전히 만족스럽지 않다. 더
구나 책을 마무리하는 이 순간에 빠트린 것이 떠오르니 당
황스럽다. 그중 하나가 에디팅^{editing}이다. 긁어모아 새로운 것
을 만드는 것을 말한다.[1] 부족하지만 이 정도에서 마무리 짓
고 다음 주자에게 바통을 넘긴다. 누가 다음 주자가 될지는
모른다. 후학은 말할 것도 없고 실무에서 땀 흘리고 있는 기
업가, 예술가, 장인, 지도자, 작가 등이길 기대한다. 마무리

지으면서 상상력이 우리 사회의 고질적 문제를 해결하고 삶에 생명력을 주는 매직이 될 수 있음을 두 가지로 나누어 짚어본다. 먼저 표면창의성과 내면창의성, 다음은 상상력과 우리의 삶이다.

오염된 창의성

표면창의성과 내면창의성을 논의하기 앞서 우리가 창의성을 어떻게 남용하고 있는지 짚어본다. 한마디로 말하면 '오염된 창의성'이다. 오염된 모습을 몇 가지로 나눠 논의하면 다음과 같다.

문제 인식과 솔루션 개발 주체의 불일치

문제 인식과 솔루션 개발이 따로 논다. 문제 찾기는 윗사람이 하고 솔루션은 실무진이 찾아내야 한다. 그래서 아래에서는 진정한 문제가 무엇인지 알지를 못해 창의성이 부족하다는 호통을 듣는다. 무엇이 문제인지 알지 못하는데 어떻게 해결책이 나올 수 있을까? 일치하도록 하기 위해서는 문제 인식과 솔루션 개발을 같은 사람에게 맡겨야 할 것이다. 즉 현장에 맡기는 것이다. 그래야만 윗사람의 틀에 박힌 생각에서 벗어날 수 있다. 현장에서 멀어질수록 기존의 판에 박힌 눈으로 세상을 보는 게 인간의 어쩔 수 없는 한계이기 때문이다.

인센티브에 의존하는 창의성

창의성과 인센티브 시스템의 문제다. 충분한 금전적 보상인가, 아니면 자유를 주고 의견을 존중해주는 내면적 보상인가가 쟁점이 된다. 전자는 '외재적 보상extrinsic reward'이라 하고 후자는 '내재적 보상intrinsic reward'이라고 하여 대비하여 논의된다. 하지만 둘 중에 하나를 선택하는 문제는 아니라고 본다. 창의성을 초급, 중급, 고급으로 나누면 초급 수준의 창의성은 외재적 보상이 유효하나 중급 수준은 내재적 보상, 즉 만족이 유효하다는 연구 결과가 있다.

하지만 고급 수준의 창의성은 보상이 아니라 용기에서 나온다. 무엇을 받기 위해서 또는 단지 좋아서가 아니라, 그렇게 사는 게 인생의 최고 덕목이라고 믿는 신념이 바로 용기다. 한 분야를 평생을 두고 파고드는 장인 정신도 고급 수준에 속하는 용기일 수 있다. 노벨상을 받기 위해 연구하는 것은 초급 수준의 창의성이고, 하고 싶은 것을 즐기면서 하는 것은 중급 수준이다. 고급 수준은 즐겁지 않더라도, 누가 알아주지 않더라도 하는 것이다. 그래서 신념과 의지가 이끄는 창의성이 최고다. 이를 니체는 '초인정신'이라 한다. 그냥 하는 것이다. 무엇을 바라는 것이 아니다. 다소 진부한 은유지만 흔하게 듣는 스토리를 소개한다. 세 번째 석공의 대답이 내면창의성이다.

나그네가 길을 가다가 세 석공이 대리석을 쪼고 있는 것을 보고서 지금 뭐하고 있느냐고 묻자 세 사람의 대답이 달랐다. "돌 쪼고 있잖소.""밥벌이하고 있소.""하느님의 성전을 짓고 있소."

동양적 슬픔

왜 우리는 창의성이 부족한가에 대한 논의다. 노벨상 수상자가 발표되는 시월이 되면 으레 우리나라 교육은 도마 위에 오른다. 창의적이고 다양한 교육이 아닌 획일적 암기식 교육이 노벨상의 걸림돌임을 매스컴은 집중 거론하다 한탄 내지는 자성으로 끝맺고 금방 잊는다. 또한 다른 나라의 정보기술을 기반으로 한 스타트업 성공 사례를 대할 때마다 정부 규제를 원망하고 공무원들의 무사안일을 질타한다. 그러면서 연구개발 투자를 늘리고 충분한 인센티브를 주어 창의성을 진작하자고 한다. 그 결과 연구개발 투자는 국민소득 대비 세계 최고 수준까지 육박했고, 인센티브 또한 인센티브

공화국이라 해도 좋을 정도로 난무하여 이젠 뭔가를 주지 않으면 아무도 움직이지 않는 사회 병리 현상까지 나타나고 있다.

이렇게 나라 재정을 쏟아 붓는데도 창의성이 좀처럼 힘을 쓰지 못하자 급기야 우리 문화에서 창의성 저해 요인을 찾기 시작한다. 수직적·집단주의적 문화 탓으로 돌리는데 이는 동양 문화권에서 보편적인 소통 문화라 '동양적인 것의 슬픔'으로까지 비쳐진다.[2] 하지만 문화 논리로 창의성 부재를 설명하는 것에는 커다란 모순이 있다. 노벨상을 수시로 받는 일본이 동양이고 세계 강국으로 부상한 중국이 동양이기 때문이다. 창의성 부재는 문화 문제가 아니라는 뜻이다.

본질은 우리의 가치 체계에 문제가 있다는 것이다. 자유, 에로스, 자존감 등 인간적 가치가 존중되지 않고 물질적 가치인 돈, 명예, 권력이 사회의 중요한 가치가 되고 있기 때문이다. 따라서 문화를 탓할 것이 아니라, 인간적 가치의 소중함을 일깨우는 것이 창의성으로 가는 진성한 길이다.

창의성 교육

창의성이 타고나는지 아니면 길러지는지, 아니면 또 다른 것이 있는지에 대한 논의다. 쉽게 말해 아인슈타인은 태어나는가, 길러지는가, 아니면 다른 이유가 있는가? 하는 문제다.

분명 타고나는 점이 있을 것이다. 하지만 인간이기에 선천적 요인보다 후천적 요인이 중요하다는 학설이 일반적이라서 교육의 중요성이 강조된다.

과연 교육일까? 노벨상을 받지 못하는 한국 대학 교육의 문제점을 극복하려면 질문하는 강의, 호기심을 자극하는 교육이 되어야 하는데 획일적이면서 암기식으로 이루어지니 문제라고 한다. 하지만 스티브 잡스나 빌 게이츠는 그렇게 칭송받는 미국 대학 교육을 마다하고 중간에 학업을 내려놨다. 그러니 가방끈이 창의성과 인과관계가 있다는 교육론도 믿을 수 없다.

그렇다면 무엇인가? "할 수 있다"는 의지론, 자기가 하고 싶은 것을 하는 자아실현 논리 등이 대안으로 떠오른다. 과연 좋아한다고, 할 수 있다는 의지를 갖는다고 창의성이 높아질까? 물론 어쩌면 그럴지도 모른다. 그러나 창의성은 좋아함이나 의지만으로는 설명되지 않는다.

정말로 창의성을 낳는 것은 무엇일까? 바로 한계 인식과 그걸 넘어서려는 '의문하기'와 '에로스'가 창의성을 가져온다. 집 밖이 궁금하지 않은데 어떻게 다른 세상이 다가오겠는가? 의문하기와 그걸 풀기 위한 지적 호기심인 에로스가 창의성의 원동력이다. 따라서 창의성은 극히 개인적인 덕목이지, 사회가 나서서 창의성을 높이겠다고 캠페인을 벌인다고 해결될 문제가 아니다.

사회가 인도하는 창의성은 창의성이 아니다. 모두가 공유하는 일반성일 뿐이다. 개인적 덕목인 창의성을 사회적·정치적 담론으로 치환하는 것 역시 우리의 창의성 저해 요인이다. 획일적 암기식보다 질문하고 토론하는 교육이 우리의 미래를 위해 더 유의미하다고 하면 되지, 그것이 꼭 창의성을 위한 것이라고는 하지 말자. 왜 우리가 창의성을 위해 살아야 하는가? 나를 위해 내 인생을 살면 된다. 다만 자유로움과 사랑하는 마음이 있는 삶이면 더 좋다는 것이다.

표면창의성과 내면창의성

'어려운 때일수록 이름을 바로 함'인 정명正名을 공자가 말했다. 공자 말씀처럼 오염된 창의성을 바로 하기 위해 캐나다에서 도Taoism를 연구하며 강의하고 있는 오강남 교수의 지혜를 빌린다. 그는 종교를 표면종교와 내면종교로 나눈다. 구복적이면서 배타적인 종교를 표면종교라 하고, 깊은 자기 성찰을 지향하는 종교를 내면종교라 한다.[3]

오교수의 지혜를 빌려 창의성을 두 가지로 나눌 수 있는데 표면창의성surface creativity과 내면창의성deep creativity이다. 전자는 상상력에 바탕을 두지 않은 수단적·통제적 창의성을, 후자는 상상력에 바탕을 둔 진정한 창의성을 말한다.

이렇게 분류하여 오염된 창의성을 세탁하려 한다. 지금의 창의성은 스트레스만 주는 오염된 창의성이다. 새로운 콘셉트를 만드는 상상력에 근거한 것이 아니라 기존의 콘셉트 안에서 이루어지는 문제해결적인 창의성이기 때문이다. 그래서 표면창의성이라 한다. 새로운 콘셉트가 그려지지 않는 표면창의성은 구속이고 스트레스고 폭력이다. 전혀 즐겁지 않을뿐더러, 창의성 자체가 이데올로기가 될 수 있다. 즐길 수 있고 자유롭게 추구하는 내면창의성으로 전환돼야 한다. 그러기 위한 방안을 떠올려 본다. 문제 인식과 솔루션 개발의 주체가 일치하는 창의성, 의지와 신념에 근거한 고급 창의성, 물질적 가치가 아닌 인간적 가치에 근거한 창의성, 자유로움과 에로스에 근거한 창의성이 진정한 창의성이다.

상상력과 우리의 삶

철학자들은 사람을 두 유형으로 나누는데, 그리스 시대에는 자유인과 노예로 나누었다. 자유인은 인정 욕구가 있는 사람, 즉 명예를 소중히 여기고 이를 지키기 위해 의무를 다하는 사람, 노예는 인정 욕구를 포기하고 종속적 삶을 택한 사람을 가리킨다.[4] 시간이 가면 자유인은 인정 욕구를 망각하고 노예는 인정 욕구를 찾으려 하기 때문에 다툼이 벌어지고 역사가 발전한다는 것이 헤겔의 논리다.

자유인과 노예의 연장선에서 헤겔은 '종말인last man'과 '최초인first man'을 이야기한다. '종말인'은 쾌적한 자기보존을 위해서라면 훌륭한 가치에 대한 긍지 높은 신념마저 내던져버리는 인간 유형을 말한다. 가슴이 없는 인간, 욕망과 이성만으로 만들어진 기개 없는 인간, 이해타산을 통해 너저분한 사리사욕을 채워나가는 데만 재빠른 인간이다. '최초인'은 먹을 것이나 수면, 주거 특히 자기 생명을 지키려고 하는 욕망 등 자연적 기본 욕망은 동물과 다를 바가 없지만 티모스(기개, 기백)가 있는 인간을 말한다.

한편 니체는 '주체적 인간'과 '세인世人, man'으로 구분하는데 주체적 인간은 최초인을, 세인은 종말인을 말하고 있어 헤겔과 유사하다. 니체가 말하는 주체적 인간의 전형이 헤밍웨이가 『노인과 바다』에서 그리는 산티아고 노인이고, 세인은 노인이 잡은 청새치를 뜯어먹는 상어 떼다.[5] 84일이나 허탕을 치면서도 또 바다에 나서는 모습, 심지어 3일을 사투하여 잡은 청새치를 상어 떼에 빼앗겨도 전혀 개의치 않고 내일을 준비하는 모습을 통해 주체적 인간을 그리고 있다. 삶의 부정성에 굴하지 않는 인간 정신을 말하고 있는 것이다. 그런 주체적 인간의 성취에 기생하여 긍정성만을 추구하는 인간을 세인이라 한다.[6]

이처럼 여러 철학자들이 고대 그리스, 근대, 현대에 걸쳐 두 유형으로 인간을 분류하고 있는데, 여기서 이런 생각을 해볼 수 있다. 과연 사람을 두 유형으로 구분할 수 있는가, 하는 것이다. 모든 인간은 귀중한 존재라는 불교 철학이 있고, 만인이 하느님 앞에서 동등하다는 기독교의 믿음이 있는데, 과연 사람을 두 유형으로 구분할 수 있을까? 하는 의문이 생긴다. 아니라고 말하려 한다. 모든 인간의 마음에는 두 가지 기질이 공존한다. 자유인, 최초인, 주체적 인간, 기업가의 기질이 있고, 동시에 그 반대의 기질도 있다. 하지만 분명한 사실은 두 기질의 드러남에 차이가 있다. 그렇다면 왜 어떤 이에게서는 최초인의 기질이 드러나고 또 어떤 이에게서는 종말인의 기질이 드러날까?

이 의문에 답하려고 이 책을 썼다. 미리 결론부터 말하면 상상력의 차이다. 최초인적 상상을 소중히 생각하고 또 그런 역량이 있는 사람에게서 최초인의 기질이 앞으로 나온다. 반면에 종말인적 상상을 하는 사람에게서 종말인의 기질이 드러난다. 스티브 잡스, 빌 게이츠, 저커버그 등 시대의 변화를 알아차리고 대학 공부를 중도에 접고 업을 시작한 사람과,

그런 시대 변화를 읽어내지 못하고 어떻게든 대학을 졸업하고 안전한 직업을 가져야겠다고 생각하는 사람 간에는, 분명 동시대를 살아가는 상상의 힘에서 판이한 차이가 나타난다.

개인만이 아니다. 조직과 국가 또한 그리 볼 수 있다. 삼성전자가 세계 최고 기업이 된 것은 창업자를 비롯한 임직원의 상상력이 한몫 단단히 하여 최초인 기질이 구현된 것이다. 미국이란 나라가 21세기형 로마제국이 된 이유 또한 최초인 기질이 드러나도록 박수 치는 미국 사회의 힘이라고 볼 수 있다.

인간 속에는 두 기질이 공존한다. 누군들 평안하게 살고 싶지 않겠는가? 불투명한 미래를 향해 몸을 내던지는 사람은 불행해지려고 그리하겠는가? 분명 그도 행복을 원하고 안락을 원할 것이다. 하지만 그가 그리는 상상이 그를 가만히 내버려두지 않는다. 안락을 억누르고 새로움을 찾아 덤비는, 최초인 기질이 드러나도록 상상하는 사람이 있다. 기업이나 사회도 마찬가지다. 기존에 안주하는 종말인적 기질이 드러나도록 하는 기업이나 사회가 있고, 최초인적 기질이 드러나게 하는 기업이나 사회가 분명 있다.

과연 우리 사회가, 우리 기업이 요구하는 것은 최초인적 상상인가 아니면 종말인적 상상인가? 그어놓은 금을 넘지 못하게 하는 사회는 어쩔 수 없이 뜨거운 감정으로 서로를 위로한다. 힐링, 여행, 자기계발, YOLO 등이 그 증거다. 최초인적 상상은 어디로 갔을까? 이 책 제1부, 제2부, 제3부에서 그 물음에 답하고자 했다. 그중에서 굳이 핵심을 말하자면 제2부의 "리버티와 리버럴, 프리덤, 에로스와 자존감, 의문하기"다.

요약

소득 3만 달러의 언저리에서 헤매는 우리 사회, 이런 세상에 살면서 힘들어 하는 사람들에게 두 가지를 제안하는 것이 이 책의 마무리다. 먼저 보상을 바라거나 통제의 수단이 되는 오염된 창의성, 즉 표면창의성에서 벗어나 상상력에 바탕한 내면창의성으로 우리 사회는 눈을 돌려야 함을 말한다. 내면창의성은 창의성에 대한 우리의 인식 바꿈으로 가능하다고 보고 표면창의성을 비판한다. 문제인식과 솔루션 개발이 따로 노는 창의성, 인센티브에 의존한 창의성, 동양적 슬픔으로 생각하는 창의성, 교육방식을 탓하는 창의성은 껍데기다.

다음은 상상력과 우리의 삶이다. 삶이란 상상하는 대로 됨을 말한다. 종말인적 상상은 종말인의 기질이 드러나게 하고, 최초인적 상상은 최초인의 기질이 드러나게 하여 의미 있는 인생이 되게 한다. 힐링, 즉 나르시시즘적 쾌락이 나쁘진 않다. 문제는 이러한 쾌락이 연속되면 종말인적 상상을 하게 되고, 그로 인해 내 속에 들어 있는 종말인적 기질이 드러난다는 것이다. 사회가 그어놓은 금 밖으로 나가는 최초인적 상상이 아름다운 삶임을 말하는 것으로 마무리 한다.

참고문헌

제1부 상상력 문 열기

상상력

1 다음 두 책을 참조하여 정리. 박기현, 『프랑스 문화와 상상력』, 살림, 2013; 홍명희, 『상상력과 가스통 바슐라르』, 살림, 2010.

2 진형준, 『상상력혁명』, 살림, 2010..

3 전인수, 『철학으로 본 앙트러프러너십』, 살림, 2016, 82쪽.

4 가추법은 다음 책에 잘 소개되어 있으니 참조 바람. 김용규, 『생각의 시대』, 살림, 2014, 192~252쪽.

5 무카이 슈타로, 신희경 옮김, 『디자인학』, 두성북스, 2016, 20~45쪽.

6 진형준, 『상상력혁명』, 살림, 2010, 81~88쪽.

7 콘셉트를 관사로 볼 수 있다는 것은 홍익대학교 불문과의 벤저민 조아노 교수의 아이디어임.

8 어니스트 헤밍웨이, 김욱동 옮김, 『노인과 바다』, 민음사, 2012.

9 루이스 캐럴, 김양미 옮김, 『이상한 나라의 엘리스』, 인디고, 2008.

10 칼 R. 포퍼, 이한구 옮김, 『열린사회와 그 적들』, 민음사, 2006.

11 후쿠다케 소이치로 외, 박누리 옮김, 『예술의 섬 나오시마』, 마로니에북스, 2013.

12 전인수, 『새로 쓰는 마케팅』, 학현사, 2012, 434쪽.

비즈니스상상력

1 마스다 무네아키, 이정환 옮김, 『지적자본론』, 민음사, 2014.

2 김태훈 지음, 박선향 옮김, 『우리가 사랑한 빵집 성심당』, 남해의 봄날, 2016.

3 비즈니스 모델은 다음 책이 잘 정리하고 있음. 조안 마그레타, 권영설·김홍열 옮김, 『경영이란 무엇인가』, 김영사, 2005.

4 양방향 비즈니스 모델은 다음 책이 잘 정리하고 있음. 데이비드 에반스·리처드 슈말렌지, 김대훈 옮김, 『카탈리스트 코드』, 한스미디어, 2008.

5 권력을 다양하게 정의하고 있어 여기서 모두 인용할 수는 없고 이 책에서 많이 참조한 한병철 교수의 견해를 따름. 한병철, 『권력이란 무엇인가』, 문학과지성사, 2016, 제1장과 93쪽.

6 같은 책, 16쪽, 각주.

7 같은 책, 54~58쪽.

8 같은 책, 65~73쪽.

9 같은 책, 106~109쪽.

10 김근배, 『끌리는 컨셉의 법칙』, 중앙books, 2014.

11 진형준, 『공자님의 상상력』, 살림, 2012, 203~215쪽.

철학과 예술, 그리고 문학 상상력

1 임마누엘 칸트, 백종현 옮김, 『판단력비판』, 아카넷, 2011, 684~685쪽.

2 김용규, 『철학통조림 4』, 주니어김영사, 2013, 15~73쪽.

3 같은 책, 221~288쪽.

4 현상학에 대한 논의는 다음 책을 주로 참조함. 박승억, 『현상학 철학의 위기를 돌파하라』, 김영사, 2013.

5 조규형, 『해체론』, 살림, 2013.

6 W. Chan Kim and Renè Mauborgne, *Blue Ocean Strategy*, Harvard Business School Press, 2005, pp.209~212.

7 두 책을 참조하여 정리. 박기현, 『프랑스 문화와 상상력』, 살림, 2013. 홍명희, 『상상력과 가스통 바슐라르』, 살림, 2010.

8 진형준, 『상상력혁명』, 살림, 2010.

9 박기현, 『프랑스 문화와 상상력』, 살림, 2013, 60~61쪽.

10 조요한, 『예술철학』, 미술문화, 2011.

11 철학아카데미의 조광제 소장이 강의에서 사용한 원고에서 인용함.

12 문학의 상상력은 홍익대학교 영문과 채수환 교수의 자문을 바탕으로 저자가 구성한 것으로 한계가 있을 것임.

13 최영미, 『시를 읽는 오후』, 해냄, 2017, 180~181쪽.

제2부 상상력이 찾아드는 마음

리버티와 리버럴

1 오윤희, "아톰이 키운 우주비행사", 「조선일보」, 2017. 1. 23.

2 이사야 벌린, 박동천 옮김, 『자유론』, 아카넷, 2006, 339~368쪽.

3 장 자크 루소, 이재형 옮김, 『사회계약론』, 문예출판사, 2013, 11~38쪽.

4 에리히 프롬, 김석희 옮김, 『자유로부터의 도피』, 휴머니스트, 2012.

5 존 스튜어트 밀, 박홍규 옮김, 『자유론』, 문예출판, 2009.

6 장하준, 『장하준의 경제학 강의』, 부키, 2014, 51~112쪽.

7 한병철, 김태환 옮김, 『피로사회』, 문학과지성사, 2014.

8 한병철, 김태환 옮김, 『투명사회』, 문학과지성사, 2014.

9 박홍규, 『자유란 무엇인가』, 문학동네, 2014.

프리덤

1 생텍쥐페리, 김화경 옮김, 『어린 왕자』, 문학동네, 2007.

2 진형준, 『위기를 비웃어라』, M&K, 2014.

3 오강남, 『세계 종교 둘러보기』, 현암사, 2013, 123~168쪽.

4. 오강남, 『장자』, 현암사, 2012, 26~30쪽.

5 오강남, 『불교, 이웃 종교로 읽다』, 현암사, 2011.

6 홍정식 역해, 『반야심경/금강경/법화경/유마경』, 동서문화사, 2011, 26~50쪽.

7 이진우, 『니체의 인생 강의』, 휴머니스트, 2015, 6강.

8 기시미 이치로·고가 후미타케, 전경아 옮김, 『미움받을 용기』, 인플루엔설, 2014.

9 니코스 카잔차키스, 이윤기 옮김, 『그리스인 조르바』, 열린책들, 2000.

10 리처드 바크, 류시화 옮김, 『갈매기의 꿈』, 현문미디어, 2003.

11 스티브 존슨, 홍지수 옮김, 『원더랜드』, 프런티어, 2017.

12 『논어』에서 두 문장이 나오는 곳이 다르다. '학이시습지불역열호아'는 서

두인 「학이」 편에 나오고, '불여락지자'는 중간인 「옹야」 편에 나온다.

13 이동용, 『니체와 함께 춤을』, 이파르, 2015, 137쪽.

14 같은 책, 127쪽.

15 다음 책에 예술을 인력 개발에 적용하는 구체적 방안이 잘 정리되어 있음. Giovani Schiuma, *The Value of Arts for Business*, Cambridge University Press, 2011.

에로스와 자존감

1 김한수, "종교개혁 500년, 봉암사 결사 70년", 「조선일보」, 2017. 4. 11.

2 박정훈, "신격호의 진짜 연인", 「조선일보」, 2017. 4. 5.

3 김용규, 『철학카페에서 시 읽기』, 웅진지식하우스, 2013, 55~140쪽.

4 리처드 도킨스, 홍영남·이상임 옮김, 『이기적 유전자』, 을유문화사, 2010.

5 에로스에 대한 내용은 다음 책을 주로 참고함. 김용규, 『철학통조림 2』, 주니어김영사, 2005, 107~139쪽.

6 생텍쥐페리, 김모세 옮김, 『인간의 대지』, 부북스, 2012, 195쪽.

7 한병철, 『에로스의 종말』, 문학과지성사, 2015.

8 에리히 프롬, 황문수 옮김, 『사랑의 기술』, 문예출판사, 2006.

9 김용규, 『철학카페에서 시 읽기』, 웅진지식하우스, 2011, 181~224쪽.

10 한병철, 『에로스의 종말』, 문학과지성사, 2015.

11 김용규, 『철학카페에서 시 읽기』, 웅진지식하우스, 2013, 181~254쪽.

12 스티븐 코비, 김경성 옮김, 『성공하는 사람들의 7가지 습관』, 김영사, 2003.

13 론다 번, 김우열 옮김, 『시크릿』, 살림Biz, 2007.

14 전인수, 『철학으로 본 앙트러프러너십』, 살림, 2016, 8~13쪽.

의문하기

1 「Weekly BIZ」, 2016. 12. 31, C1, C4.

2 알베르 카뮈, 김화영 옮김, 『페스트』, 민음사, 2011.

3 전인수, 『철학으로 본 앙트러프러너십』, 살림, 2016, 73~75쪽.

4 G. W. F. 헤겔, 김양순 옮김, 『정신현상학』, 동서문화사, 2011.

5 존 피스크, 강태완·김선남 옮김, 『커뮤니케이션학이란 무엇인가』, 커뮤니
케이션북스, 2001, 298~344쪽.

6 루이 알튀세, 이진수 옮김, 『레닌과 철학』, 백의, 1991.

7 안토니오 그람시, 이상훈 옮김, 『그람시의 옥중수고 1: 정치편』, 거름,
2006.

8 토머스 S. 쿤, 김명자·홍성욱 옮김, 『과학혁명의 구조』, 까치, 2013.

9 칼 포퍼, 이한구 옮김, 『추측과 논박 1』, 민음사, 2001.

10 이윤기, 『그리스로마 신화』, 웅진지식하우스, 2012, 210~225쪽.

11 한병철, 『타자의 추방』, 문학과지성사, 2017, 108~120쪽.

12 미하일 엔데, 한미희 옮김, 『모모』, 비룡소, 2016, 22~23쪽.

제3부 비즈니스상상력 방법

시간사고

1 하이럼 스미스, 김경섭·이경재 옮김, 『성공하는 시간관리와 인생관리를
위한 10가지 자연법칙』, 김영사, 2014, 35~36쪽.

2 밀로라도 바비치, 신현철 옮김, 『하자르 사전』, 열린책들, 2011.

3 시간의 향기는 다음 책에 잘 소개되어 있음. 한병철, 『시간의 향기』, 문학

과지성사, 2014.

4 B. Joseph Pine Ⅱ and James H. Gilmore, "Welcome to the Experience Economy", *Harvard Business Review*, 76, July-August, 1998, pp.97~105.

5 전인수, 『새로 쓰는 마케팅』, 학현사, 2012, 442~445쪽.

6 Tim Brown, "Design Thinking", *Harvard Business Review*, June, 2008, pp.85~92.

7 박찬국, 『하이데거의 '존재와 시간' 읽기』, 세창미디어, 2013.

8 Theodore Levitt, *The Marketing Imagination*, New York: The Free Press, 1983.

9 Youngme Moon, *Different*, New York: Crown Business, 2011.

10 마르셀 프루스트, 김화영 옮김, 『잃어버린 시간을 찾아서』, 민음사, 2012.

리듬사고

1 찰스 다윈, 송철용 옮김, 『다윈 종의 기원』, 동서문화사, 2009.

2 앨프리드 월리스, 노승영 옮김, 『말레이 제도』, 지오북, 2017.

3 재러드 다이아몬드, 김진준 옮김, 『총, 균, 쇠』, 서울: 문학사상사, 2005.

4 리처드 도킨스, 홍영남·이상임 옮김, 『이기적 유전자』, 을유문화사, 2010.

5 전인수, 『새로 쓰는 마케팅』, 학현사, 2012, 124~129쪽.

6 Adrian J. Slywotzky, *Value Migration*, Boston: Harvard Business School Press, 1996.

7 Everett M. Rogers, *Diffusion of Innovation*, 4th ed., New York: The Free Press, 1995.

8 윌리엄 코언, 이수형 옮김, 『드러커의 마케팅인사이트』, 중앙경제평론사, 2015, 4부 3장.

9 따라잡기 전략은 다음 논문에 정리되어 있음. 전인수·김주환, 「선발 이점 극복을 위한 후발 제품의 마케팅 전략에 관한 연구」, 『경영학연구』, 30, 3, 2001, 745~763쪽.

10 데이비드 아커, 전인수·김은화 옮김, 『마케팅전략』, 석정, 2010, 232 ~234쪽.

이항대립사고

1 이하 내용은 다음 책을 참조하여 정리함. 존 피스크, 강태완·김선남 옮김, 『커뮤니케이션학이란 무엇인가』, 커뮤니케이션북스, 2001, 213~230쪽.

2 전인수, 『새로 쓰는 마케팅』, 학현사, 2012, 43~49쪽.

3 의존브랜드의 안주에 도전하여 성공한 사례는 다음 책에 잘 소개되어 있음. 이장우·황성욱, 『마케팅빅뱅』, 위즈덤하우스, 2009.

4 Henrik Hagtvedt and Vanessa M. Patrick, "Art Infusion: The Influence of Visual Art on the Perception and Evaluation of Consumer Products", *Journal of Marketing Research*, 45, June, 2008, pp.379~389.

기회사고

1 Gary Hamel and C. K. Prahalad, *Competing for the Future*, Harvard Business School Press, 1994, p.103.

2 Richard L. Oliver, *Satisfaction: A Behavioral Perspective on the Consumer*, McGraw-Hill, 1997, Chapter 3.

3 Abraham H. Maslow, *Motivation and Personality*, Harper, 1943.

4 Kenichi Ohmae, *The Mind of Strategist*, Penguin Books, 1982, Part 11.

5 데이비드 그레이브, 서정은 옮김, 『가치이론에 대한 인류학적 접근』, 그린비, 2013, 71~124쪽.

제4부 비즈니스상상력 문 열기

비즈니스상상력, 창의성 그리고 혁신

1 김정운, 『에디톨로지』, 김영사, 2015.

2 Geert Hofstede, *Culture's Consequences*, Beverly Hills: Sage, 1980; "Motivation, Leadership, and Organization: Do American Theories Apply Abroad?", *Dynamics*, Summer, 1980, pp.42~62; "The Cultural Relativity of Organizational Practices and Theories", *Journal of International Business Studies*, Fall, 1983, pp.75~89.

3 오강남 『종교 심층을 보다』, 현암사, 2011.

4 악셀 호네트, 문성훈·이현재 옮김, 『인정투쟁』, 사월의책, 2011, 35~41쪽.

5 어니스트 헤밍웨이, 김욱동 옮김, 『노인과 바다』, 민음사, 2012.

6 전인수, 『철학으로 본 앙트러프러너십』, 살림, 2016, 19쪽.

프랑스엔 〈크세주〉, 일본엔 〈이와나미 문고〉,
한국에는 〈살림지식총서〉가 있습니다.

비즈니스상상력

펴낸날	**초판 1쇄 2017년 11월 24일**

지은이	**전인수**
펴낸이	**심만수**
펴낸곳	**(주)살림출판사**
출판등록	**1989년 11월 1일 제9-210호**

주소	**경기도 파주시 광인사길 30**
전화	**031-955-1350 팩스 031-624-1356**
홈페이지	**http://www.sallimbooks.com**
이메일	**book@sallimbooks.com**

ISBN	**978-89-522-3802-3** 04080
	978-89-522-0096-9 04080 (세트)

※ 값은 뒤표지에 있습니다.
※ 잘못 만들어진 책은 구입하신 서점에서 바꾸어 드립니다.

이 도서의 국립중앙도서관 출판시도서목록(CIP)은 서지정보유통지원시스템 홈페이지
(http://seoji.nl.go.kr)와 국가자료공동목록시스템(http://www.nl.go.kr/kolisnet)에서
이용하실 수 있습니다.(CIP제어번호: CIP2017024891)

책임편집·교정교열 **김건희**

122 모든 것을 고객중심으로 바꿔라　eBook

안상헌(국민연금관리공단 CS Leader)

고객중심의 서비스전략을 일상의 모든 부분에 적용해야 한다는
가르침을 주는 책. 나 이외의 모든 사람을 고객으로 보고 서비스가
살아야 우리도 산다는 평범한 진리의 힘을 느끼게 해 준다. 피뢰침
의 원칙, 책임공감의 원칙, 감정통제의 원칙, 언어절제의 원칙, 역
지사지의 원칙이 사람을 상대하는 5가지 기본 원칙으로 제시된다.

233 글로벌 매너

박한표(대전와인아카데미 원장)

매너는 에티켓과는 다르다. 에티켓이 인간관계를 원활하게 해주
는 사회적 불문율로서의 규칙이라면, 매너는 일상생활 속에 에티
켓을 적용하는 방식을 말한다. 삶을 잘 사는 방법인 매너의 의미를
설명하고, 글로벌 시대에 우리가 기본적으로 갖추어야 할 국제매
너를 구체적으로 소개한 책. 삶의 예술이자 경쟁력인 매너의 핵심
내용을 소개한다.

350 스티브 잡스　eBook

김상훈(동아일보 기자)

스티브 잡스는 시기심과 자기과시, 성공에의 욕망으로 똘똘 뭉친
불완전한 사람이었다. 하지만 동시에 강철 같은 의지로 자신의 불
완전함을 극복하고 사회에 가치 있는 일을 하고자 노력했던 위대
한 정신의 소유자이기도 하다. 이 책은 스티브 잡스의 삶을 통해
불완전한 우리 자신에 내재된 위대한 본성을 찾아내고자 한다.

352 워렌 버핏　eBook

이민주(한국투자연구소 버핏연구소 소장)

'오마하의 현인'이라고 불리는 워렌 버핏. 그는 일찌감치 자신의
투자 기준을 마련한 후, 금융 일번지 월스트리트가 아닌 자신의 고
향 오마하로 와서 본격적인 투자사업을 시작한다. 그의 성공은 성
공하는 투자의 출발점은 결국 자기 자신이라는 점을 보여 준다. 워
렌 버핏의 삶을 통해 세계 최고의 부자는 어떻게 만들어지는가를
살펴보자.

145 패션과 명품

이재진(패션 칼럼니스트)

패션 산업과 명품에 대한 이해를 돕는 책. 샤넬, 크리스찬 디올, 아르마니, 베르사체, 버버리, 휴고보스 등 브랜드의 탄생 배경과 명품으로 불리는 까닭을 알려 준다. 이 밖에도 이 책은 사람들이 명품을 찾는 심리는 무엇인지, 유명 브랜드들이 어떤 컨셉과 마케팅 전략을 취하는지 등을 살펴본다.

434 치즈 이야기

박승용(천안연암대 축산계열 교수)

우리 식문화 속에 다채롭게 자리 잡고 있는 치즈를 여러 각도에서 살펴 본 작은 '치즈 사전'이다. 치즈를 고르고 먹는 데 필요한 아기자기한 상식에서부터 나라별 대표 치즈 소개, 치즈에 대한 오해와 진실, 와인에 어울리는 치즈 선별법까지, 치즈를 이해하는 데 필요한 지식과 정보가 골고루 녹아들었다.

435 면 이야기

김한송(요리사)

면(국수)은 세계 각국으로 퍼져 나가면서 제각기 다른 형태로 조리법이 바뀌고 각 지역 특유의 색깔이 결합하면서 독특한 문화 형태로 발전했다. 칼국수를 사랑한 대통령에서부터 파스타의 기하학까지, 크고 작은 에피소드에 귀 기울이는 동안 독자들은 면의 또 다른 매력을 발견할 수 있을 것이다.

436 막걸리 이야기

정은숙(기행작가)

우리 땅 곳곳의 유명 막걸리 양조장과 대폿집을 순례하며 그곳의 풍경과 냄새, 무엇보다 막걸리를 만들고 내오는 이들의 정(情)을 담아내기 위해 애쓴 흔적이 역력하다. 효모 연구가의 단단한 손끝에서 만들어지는 막걸리에서부터 대통령이 애호했던 막걸리, 지역 토박이 부부가 휘휘 저어 건네는 순박한 막걸리까지, 또 여기에 막걸리 제조법과 변천사, 대폿집의 역사까지 아우르고 있다.

253 프랑스 미식 기행　`eBook`

심순철(식품영양학과 강사)

프랑스의 각 지방 음식을 소개하면서 거기에 얽힌 역사적인 사실과 문화적인 배경을 재미있게 소개하고 있다. 누가 읽어도 프랑스 음식문화에 대해 어느 정도 이해할 수 있도록 복잡하지 않게, 이야기하듯 쓰인 것이 장점이다. 프랑스로 미식 여행을 떠나고자 하는 이에게 맛과 멋과 향이 어우러진 프랑스의 역사와 문화를 소개하는 책.

132 색의 유혹　색채심리와 컬러 마케팅　`eBook`

오수연(한국마케팅연구원 연구원)

색이 인간에게 미치는 영향과 이를 이용한 컬러 마케팅이 어떤 기법으로 발전했는가를 보여 준다. 색은 생리적 또는 심리적 면에서 사람들에게 많은 영향을 미친다. 컬러가 제품을 파는 시대'의 마케팅에서 주로 사용되는 6가지 대표색을 중심으로 컬러의 트렌드를 읽어 색이 가지는 이미지의 변화를 소개한다.

447 브랜드를 알면 자동차가 보인다

김홍식(「오토헤럴드」 편집장)

세계의 자동차 브랜드가 그 가치를 지니기까지의 역사, 그리고 이를 위해 땀 흘린 장인들에 관한 이야기. 무명의 자동차 레이서가 세계 최고의 자동차 브랜드를 일궈내고, 어머니를 향한 아들의 효심이 최강의 경쟁력을 자랑하는 자동차 브랜드로 이어지기까지의 짧지 않은 역사가 우리 눈에 익숙한 엠블럼과 함께 명쾌하게 정리됐다.

449 알고 쓰는 화장품　`eBook`

구희연(3020안티에이징연구소 이사)

화장품을 고르는 당신의 기준은 무엇인가? 우리는 음식을 고르듯 화장품 선택에 꼼꼼한 편인가? 이 책은 화장품 성분을 파악하는 법부터 화장품의 궁합까지 단순한 화장품 선별 가이드로써의 역할이 아니라 궁극적으로 당신의 '아름답고 건강한 피부'를 만들기 위한 지침서다.

eBook 표시가 되어있는 도서는 전자책으로 구매가 가능합니다.

㈜**살림출판사**

www.sallimbooks.com

주소 경기도 파주시 문발동 522-1 | 전화 031-955-1350 | 팩스 031-955-1355